UN PATRIOTE ESPAGNOL

LE

GÉNÉRAL POLAVIEJA

PAR

ÉMILE LONGIN

DOLE
PAUL CHALIGNE, LIBRAIRE-ÉDITEUR

1899

1212

LE LIEUTENANT GÉNÉRAL MARQUIS DE POLAVIEJA

UN PATRIOTE ESPAGNOL

LE
GÉNÉRAL POLAVIEJA

PAR

ÉMILE LONGIN

DOLE
PAUL CHALIGNE, LIBRAIRE-ÉDITEUR
1899

UN PATRIOTE ESPAGNOL

LE GÉNÉRAL POLAVIEJA

Qui ne se rappelle l'impression produite, au lendemain de nos désastres, par la publication des rapports militaires du colonel Stoffel (1) ?

On peut dire que pour la plupart des Français ce livre fut une révélation. L'impéritie du gouvernement impérial en ressortait avec la dernière évidence. En vain l'ancien officier d'ordonnance de l'Empereur avait-il fait parvenir aux ministres de Napoléon III les renseignements les plus précis et les plus détaillés sur les forces de l'armée prussienne : étourdis par le souvenir des victoires remportées en Crimée et en Italie, ceux-ci n'en avaient tenu aucun compte. En vain, pendant quatre années de suite, avait-il multiplié les avertissements, répétant sans cesse que la guerre entre la Prusse et la France était inévitable : jusqu'à la fin on s'était leurré, en haut lieu, de la possibilité d'une entente, et c'était bien sur le prisonnier de Wilhelmshœhe que retombaient de tout leur poids ces graves paroles : « Il n'y a qu'un politique sentimental ou un rêveur sans aucune connaissance du jeu des passions humaines qui puisse conserver un tel espoir. Le conflit naîtra un jour ou l'autre, terrible et acharné (2). »

(1) *Rapports militaires écrits de Berlin (1866-1870)*, par le colonel baron Stoffel, ancien attaché militaire en Prusse. — Paris, 1871, in-8 de xxiv-471 p.

(2) « Les choses en sont arrivées à ce point, disait le colonel Stoffel dans son rapport du 12 août 1869, que le fait le plus simple en apparence ou l'événement le plus insignifiant peut amener une rupture. En d'autres termes, la guerre est à la merci d'un incident. Quel qu'il soit, les esprits superficiels le

Pour être juste, il faut reconnaître qu'à de rares exceptions près, tous devaient se frapper la poitrine devant nos frontières mutilées ; la nation, prise en masse, avait partagé l'aveuglement du souverain ; malgré le coup de tonnerre de Sadowa, elle n'avait prêté qu'une attention distraite aux armements de l'Allemagne, et il était vraiment son image, ce Corps législatif dans lequel le colonel Stoffel signalait, d'une part, « une majorité formée presque entièrement de médiocrités, d'hommes sans caractère, sans élévation et sans aucune des connaissances qui font le législateur ; » de l'autre, « une opposition où dominent des avocats ambitieux et vains, qui font consister le patriotisme dans des récriminations haineuses ou des rancunes calculées, qui cachent leur incapacité et leur impuissance sous les fleurs du langage, qui se prétendent seuls soucieux des intérêts du pays et qui, pour conquérir une popularité factice, disputent au gouvernement jusqu'à un soldat et un écu (1). » Lorsque le conflit avait surgi, c'était aux cris de : « A Berlin ! A Berlin ! » que le peuple français s'était follement lancé dans la plus redoutable des guerres, et le courage qu'il avait déployé après les premiers revers ne l'absolvait point de n'avoir pas compris que son imprévoyance et son orgueil l'avaient insensiblement fait descendre au second rang. La publication des rapports de notre ancien attaché militaire venait donc à son heure ; elle montrait quel contraste navrant avait existé entre la légèreté, l'insouciance de la France et la froide résolution de la Prusse ; aux détails techniques se trouvaient mêlées des réflexions d'un ordre plus élevé, et ces réflexions constituaient un véritable réquisitoire contre les défauts de notre caractère national.

Non moins vive a été l'émotion causée en Espagne, dans le courant de l'été dernier, par l'apparition du livre intitulé : *Mi politica en Cuba* (2). Écrit à la veille des événements dans lesquels a sombré

---

regarderont comme la cause de la guerre ; mais cette cause est beaucoup plus profonde et plus complexe. L'hostilité réciproque des deux peuples, hostilité toujours croissante, pourrait se comparer à un fruit qui mûrit, et l'incident d'où naîtra la rupture sera comme le choc accidentel qui fait tomber de l'arbre le fruit parvenu à sa maturité. »

(1) *Rapports militaires écrits de Berlin (1866-1870)*, p. 318.
(2) *Relación documentada de mi politica en Cuba : lo que vi, lo que hice, lo que anuncié*, por el teniente general marqués de Polavieja. — Madrid, 1898, in-18 de 356 p.

le prestige des armes espagnoles [1], ce livre renfermait de longs extraits des rapports officiels adressés au gouvernement de la métropole par un capitaine général de Cuba ; il décrivait en termes saisissants la situation de la grande Antille avant la dernière révolte, et l'on n'apprit pas sans surprise que, pendant toute la durée de son commandement, le général Polavieja n'avait cessé de représenter aux hommes d'État de la péninsule que cette opulente colonie leur échapperait tôt ou tard ; qu'il fallait, par conséquent, se préparer à l'abandonner volontairement après avoir lié ses intérêts à ceux de la mère patrie, de façon à empêcher que le drapeau rouge et jaune ne fût remplacé dans l'île par la bannière étoilée. Ces remontrances s'étaient perdues dans le tumulte des querelles parlementaires ; la voix du brave général n'avait pas été entendue ; au sein du douloureux silence qui suivit l'agression des États-Unis, elle retentit comme un glas funèbre, et les moins attentifs purent mesurer la profondeur de la faute commise par les ministres qui avaient méconnu ses prophétiques avertissements.

Ce n'est pas sans hésitation que l'ancien chef de la maison militaire du roi s'était décidé à publier ces pages : s'il l'avait fait, c'est que, suivant lui, l'heure des responsabilités avait sonné ; le moment était venu de soumettre au jugement de la nation les actes de ses gouvernants ; dès lors vouloir soustraire sa propre conduite à l'examen du public eût été une lâcheté (*cobardia*) incompatible avec son honneur de soldat. « Je ne crois pas, dit-il, avoir participé au partage des vêtements du juste, mais si la tranquillité de ma conscience est pour moi une récompense et une justification suffisantes, elle ne peut satisfaire les autres [2]. » Tant que le silence lui avait paru commandé par les intérêts du pays, le vaillant officier s'était tu ; il lui eût d'ailleurs répugné d'entretenir ses compatriotes de sa personne pendant que les balles insurgées sifflaient dans les plaines de Cuba. Avec la déclaration de guerre des États-Unis, tout change ; il n'y a plus à craindre d'encourager par des révélations intempestives les desseins de la république américaine ; le général Polavieja juge nécessaire de divulguer *ce qu'il a vu, ce qu'il a fait, ce qu'il a annoncé* [3] ; s'il

---

(1) Le volume en question porte à sa dernière page la date du 22 avril 1898.
(2) *Mi politica en Cuba*, p. 5.
(3) C'est le sous-titre de l'ouvrage du général Polavieja.

recourt à la publicité du livre, c'est, déclare-t-il avec un certain dédain des luttes stériles du parlement, parce qu'aucune autre voie ne lui est ouverte : il n'est ni sénateur ni député.

No soy Senador ni Diputado ! Tels sont les derniers mots de la préface de l'important ouvrage que je voudrais faire connaître en Franche-Comté. Je n'ai pas à m'excuser de cette tentative : trop vif est le souvenir que notre pays garde du temps où il a appartenu à l'Espagne pour que tout ce qui concerne la patrie du Cid n'excite pas son intérêt. Nos aïeux ont servi fidèlement les descendants de Charles-Quint ; plus d'une de nos villes montre encore avec orgueil les marques des sièges qu'elle a soutenus sous la domination espagnole (1) ; les rois catholiques ont respecté nos immunités, nos franchises, nos privilèges, et l'un d'eux n'hésitait pas à nous mettre au premier rang de ses sujets (2). Il ne faut pas, d'autre part, se dissimuler que le coup qui atteint l'Espagne atteint aussi la France. A cet égard, l'instinct populaire est un guide plus sûr que le scepticisme des intellectuels ; j'ai entendu de simples artisans déplorer la destruction de la flotte espagnole comme un malheur public, et il m'est souvent arrivé d'admirer combien semblait naturelle aux moins favorisés des dons de la fortune la souscription ouverte dans la province au profit des blessés de Cuba (3).

Mon intention, en analysant cet ouvrage, est de laisser parler l'au-

---

(1) Pour Dole, en particulier, le souvenir du siège de 1636 est demeuré si vivant qu'on peut dire que ce glorieux fait d'armes n'est ignoré d'aucun des habitants de la vieille capitale de la Franche-Comté.

(2) « Vous estes les premiers vassaux que j'aye et que j'aime le plus et désire de conserver, cognoissant vostre fidélité et valeur, et ainsi vous debvez croire que je ne vous mancqueray en aulcune occasion, quand bien il fauldroit hazarder pour vous ce qui est le plus estimable en ma couronne. » Philippe IV au parlement de Dole, Madrid, 31 octobre 1639. — A. DUBOIS DE JANCIGNY, *Recueil de chartes et autres documents pour servir à l'histoire de la Franche-Comté sous les princes de la maison d'Autriche*, p. 213.

(3) Si les promoteurs de cette souscription ambitionnaient une récompense, ils la trouveraient dans l'appréciation suivante : « Ejemplo digno de eterna memoria ofrecen al mundo los franco-conteses,.... porque si en los pasados tiempos nuestro poderío y grandeza podían de alguna manera estimularlos á conservar nuestra amistad y protección, hoy que ya desapareció aquel predominio, realza y avalora más la pureza y desinterés de aquel noble pueblo, su último acto de simpatía á España. » A. RODRIGUEZ VILLA, *El Franco Condado y la ultima campaña del marqués de Conflans*, dans le *Boletín* de la « Real Academia de la Historia, » t. XXXIII, p. 498.

teur le plus possible. Je ne crains pas de m'exposer au reproche d'abuser des citations, car ces citations sont nécessaires pour faire comprendre la gravité des avis de l'ancien capitaine général de Cuba. Il règne en outre d'un bout à l'autre du livre une tristesse patriotique dont toute paraphrase affaiblirait l'éloquence. On devine, en le lisant, ce qu'il en a coûté à l'intrépide officier d'avoir à exprimer d'aussi cruelles prévisions. Ce n'est pas, en effet, une des moindres épreuves de la carrière du général Polavieja que la réflexion l'ait conduit à proclamer l'impossibilité de garder une colonie à laquelle il était profondément attaché. « Quand on a du cœur, s'écrie-t-il, on ne passe pas vingt ans dans un pays sans l'aimer.... Puis-je oublier que, grâce à la générosité de l'Espagne, j'ai occupé dans la grande Antille les postes les plus divers, emplois de corrégidor, d'alcade, gouvernements civils, autorité suprême de l'île? J'ai été subalterne, officier supérieur, brigadier, capitaine général, ce qu'il y a de plus obscur, ce qu'il y a de plus élevé ; la première fois que je partis pour Cuba, j'échangeai les galons de premier sergent contre l'uniforme d'officier, et, si j'avais emporté sous les tropiques mon poncho d'Afrique, je pourrais affirmer, comme le légendaire héros de notre poète romantique, que j'ai gravi toute l'échelle sociale en Amérique (1). »

Qu'elle était belle, l'île découverte, il y a quatre cents ans, par le hardi Génois dont les femmes de Grenade lapident aujourd'hui la statue (2) ! Que sa végétation luxuriante était bien pour charmer le soldat qui parcourait ses bois et ses plaines, l'œil encore ébloui par l'insupportable éclat des rochers arides de Ceuta ! Et comment retenir un cri de douleur et de colère au souvenir de la richesse et de la prospérité de ses habitants avant le fatal soulèvement de Yara (3) ? « J'ai assez voyagé, dit le général Polavieja, et n'ai pas connu de pays où l'on vécût mieux, de colonie jouissant en fait de plus de liberté (*con más libertad práctica*), de région moins chargée d'impôts, et, par suite, de révolte plus injuste. Rien non plus n'était si beau : femmes, climat, sol, flore, tout était splendide.... S'il n'y avait pas là-bas de ma-

---

(1) *Mi politica en Cuba*, p. 14.
(2) Le fait des mères espagnoles jetant des pierres à la statue de Christophe Colomb a été tour à tour affirmé et démenti par les journaux de la péninsule.
(3) Ce fut le 10 octobre 1868 que ce soulèvement se produisit à l'instigation d'un jeune avocat cubain, D. Carlos Manuel Céspedes.

ladies traîtresses pour l'Européen, on croirait revivre dans le paradis de la Bible, et l'autorité du concept chrétien qui appelle ce monde une vallée de larmes se verrait démentie (1). »

Il était écrit que le démon de la guerre civile ferait de cet Éden un véritable enfer. Pendant dix ans, l'Espagne fut aux prises dans la grande Antille avec une insurrection fortement organisée ; battues sur un point, les bandes se reformaient sur un autre, dévastant les propriétés rurales, incendiant les moulins de canne à sucre (*ingenios*), enlevant quelquefois des postes isolés ; pour dompter la rébellion, le peuple espagnol prodigua le sang de ses fils, et, quelque opinion qu'on ait sur la façon dont les opérations militaires furent conduites, il est impossible de ne pas admirer la ténacité que l'héroïque nation montra dans cette lutte acharnée. Ses ennemis eux-mêmes ont rendu hommage à l'énergie déployée par le gouvernement de la péninsule, témoin cette Cubaine, qui, en apprenant l'arrivée du général Martinez Campos à la tête de nouveaux renforts, s'écriait, stupéfaite : « Mais d'où l'Espagne tire-t-elle tant de gens pour les envoyer à Cuba ? Les mères espagnoles ne se lassent-elles pas de mettre au monde des fils pour qu'ils meurent ici de maladie ou sous les coups des *mambises* (2) ? »

Lorsque le *convenio* du Zanjón (10 février 1878) eut mis fin à la guerre, le général Polavieja fut nommé gouverneur civil et commandant général de Puerto-Principe, et on le vit, aussi sage administrateur que vaillant capitaine, consacrer tous ses soins à l'affermissement de la paix en pratiquant la politique de l'oubli du passé (*olvido del pasado*). Grâce à lui, la région du Camagüey se releva promptement de ses ruines, et, l'heureux résultat de ses efforts le désignant à l'autorité suprême pour un poste plus important, il fut envoyé au mois de juin 1879 à Santiago-de-Cuba, où il demeura jusqu'à la fin de l'année 1881. Aux roses succédaient les épines (3) : à peine arrivé à Santiago, le général Polavieja eut à combattre un nouveau soulèvement, qu'il réprima en moins d'un an ; c'est ce qu'on a appelé la petite guerre, *guerra chiquita ;* il eut en outre à déjouer les intrigues des conspirateurs qui, l'insurrection vaincue, cherchaient à empêcher

---

(1) *Mi politica en Cuba*, p. 13.
(2) E.-A. Flores, *La guerra de Cuba (apuntes para la historia)*, p. 80.
(3) Le général Polavieja dit plus énergiquement : « Las cañas trocábanse en lanzas. »

l'Espagne de recueillir les fruits de sa victoire, et de cette époque date la conviction qu'il s'efforça de faire partager à ses supérieurs au sujet de la politique qu'on devait suivre à Cuba.

Il ne fallait pas une perspicacité extraordinaire pour s'apercevoir des sentiments que les Cubains nourrissaient à l'endroit de la métropole; tous les voyageurs qui avaient parcouru l'île en rendaient témoignage, et le général Polavieja ne fera plus tard que résumer leurs impressions quand il écrira, à propos des séparatistes et des autonomistes : « Ces groupes sont animés d'une haine vraiment africaine contre nous ; ils ne raisonnent pas; tous les moyens qui conduisent à s'émanciper de l'Espagne leur paraissent licites, et même moraux, et, tant dans la presse que dans les réunions publiques, tant dans les conversations particulières que dans le sein des familles, ils nous font une guerre sans quartier ; ils élèvent leurs fils dans l'aversion de l'Espagne et ni respect ni considération d'aucun genre n'arrête leur propagande. Ils se croient réduits par nous en esclavage et nous haïssent, comme un peuple assujetti hait le conquérant, comme nos aïeux haïssaient les envahisseurs français au commencement du siècle actuel. Comme ceux-ci le faisaient alors, ils soutiennent qu'ils vont à la conquête de l'indépendance, et les partisans de la domination française (*los afrancesados*) ne furent pas plus rares ni plus mal vus que le sont ici les naturels du pays qui se mettent résolument du côté de la nation à laquelle ils doivent tout (1). »

Se flatter de modifier entièrement ces dispositions était inutile, et le vaillant Espagnol ne l'ignorait pas. Comme il se remettait à New-York des fatigues de la *guerra chiquita*, un des plus constants adversaires de l'Espagne lui avait avoué sans détours le but que poursuivaient les réfugiés cubains : « Après m'avoir confessé, rapporte-t-il, qu'ils ne pouvaient pas nous vaincre à main armée, il me déclara que leurs tentatives réitérées nous obligeraient à de telles dépenses qu'avant peu d'années nous devrions abandonner l'île ou la vendre aux États-Unis (2). » Une dame, d'autre part, lui avait dit, lors de la proclamation de la Constitution de 1876 à Santiago-de-Cuba : « Détrompez-vous ; quoi qu'on fasse, on n'obtiendra rien : l'Espagne aux Espa-

---

(1) Rapport officiel du 10 décembre 1890. — *Mi politica en Cuba*, p. 115.
(2) Lettre au capitaine général de Cuba, 20 octobre 1880. — *Ibid.*, p. 56.

gnols, et Cuba aux Cubains ! Soyez maîtres dans votre pays; nous voulons, nous, être maîtres dans le nôtre (1). »

A Madrid, on se refusait à croire à une inimitié aussi profonde; ses amis taxaient le général Polavieja de pessimiste ; l'un d'eux lui écrira un jour que ses lettres paraissent entachées d'exagération ou d'erreur, à quoi, douloureusement ému, le loyal soldat répondra : « Je ne me plains pas de ce reproche ; loin de là, je me l'explique parfaitement : le milieu dans lequel vous vivez est très différent de celui dans lequel nous sommes. Là-bas, tout est espagnol, sous l'influence de l'Europe ; ici, sous l'influence yankee, tout est américain ; l'influence espagnole va disparaissant à mesure qu'augmente la facilité des communications avec le continent du nouveau monde. Quand, pour aller aux États-Unis, il fallait forcément débarquer à New-York, ce pays était loin de Cuba et la cherté du voyage faisait que les communications n'étaient pas très fréquentes; surtout le monde yankee ne venait pas ici. A présent, avec les chemins de fer de la Floride, les États-Unis sont nos plus proches voisins ; nous sommes à douze heures d'eux, et c'est ce qui explique que le flot yankee commence à se porter sur Cuba…. Aujourd'hui, à la Havane, repas, vêtements, distractions, etc., etc., tout est à l'américaine; le genre créole disparaît complètement. Il y a plus, l'envahissement pacifique des coutumes ordinaires de la vie commence à gagner le moral des habitants sous le rapport religieux (2). »

Nombreuses, à vrai dire, étaient les causes qui sapaient le pouvoir de l'Espagne à Cuba, mais il en était une que le général Polavieja ne pouvait méconnaître : je veux parler du travail souterrain des loges maçonniques. Voici comment, plus clairvoyant que ses prédécesseurs, il a dénoncé l'action de la franc-maçonnerie dans le monde antillien : « Les loges maçonniques, qui ont eu, ont et auront toujours ici un caractère et une influence politiques, n'ont pas non plus été étrangères à la décomposition du parti espagnol. Ce furent les centres où se préparèrent les tentatives de révolte antérieures à 1868 ; ce fut également chez elles que se trama l'insurrection de Yara, comme nos ennemis l'ont eux-mêmes révélé dans les brochures et les livres qu'ils

---

(1) Lettre au même, 9 juillet 1881. — *Mi politica en Cuba*, p. 61.
(2) Lettre à D. Antonio Maria Fabié, 28 février 1891. — *Ibid.*, p. 120. Cf. J.-B. CASAS, *La guerra separatista de Cuba*, p. 33.

ont publiés sur tous ces événements. Là, on continue à conspirer contre notre pouvoir dans l'île, avec une sécurité d'autant plus complète que le gouvernement a déclaré la franc-maçonnerie association légale.... Pour notre malheur, beaucoup d'Espagnols appartiennent aux loges maçonniques. Leur peu d'instruction et de culture les y fait entrer, et dans ce milieu s'amortit, si même il ne disparait totalement, le sentiment religieux (1). »

L'influence occulte que le général Polavieja avait vue à l'œuvre à Cuba, il devait la retrouver en 1896 sous d'autres cieux, et, si ce n'était m'écarter de mon sujet, je pourrais montrer que la dernière révolte des Philippines a été préparée par les francs-maçons. Un écrivain impartial l'a reconnu, « quand la franc-maçonnerie a eu dans l'archipel cent quatre-vingts loges, non seulement la conjuration a eu cent quatre-vingts foyers, mais l'insurrection cent quatre-vingts régiments ; 25,000 francs-maçons ; plus de 20,000 rebelles sachant ce qu'il faisaient ; derrière, la multitude de ceux qui ne savaient pas et qui se levaient tout de même (2). » A Cuba toutefois la situation était d'autant plus grave que les loges maçonniques de l'île dépendaient de celles des États-Unis.

Un autre fléau de la perle des Antilles était le banditisme *(el bandolerismo)* ; il sévissait surtout aux environs de la Havane et dans la région montueuse et boisée de Santiago-de-Cuba ; la connivence des habitants avec les bandits rendait la répression presque impossible, et si vive était la terreur inspirée par les coups de main des partisans cubains que nul n'osait se hasarder en chemin de fer sans être armé *(el que osaba viajar lo hacia armado de rifle)*.

« Ici, dit le général Polavieja, le bandit est un personnage politique qui lève des contributions, brûle, vole, séquestre et tue avec un brevet d'officier, de chef ou de général en poche, brevet que la junte révolutionnaire donne à quiconque acquiert un certain renom.... Il exerce ses fonctions en se présentant à l'Espagnol fidèle, péninsulaire ou insulaire, comme un bandit qui vole, tue, séquestre et brûle, mais un bandit qu'il faut favoriser et protéger afin d'éviter ses terribles vengeances, dont il vient à bout avec une entière impunité, et au

---

(1) *Mi política en Cuba*, p. 83.
(2) C. BENOIST, *L'Espagne, Cuba et les États-Unis*, p. 151. Cf. *El Imparcial*, 22 avril 1896, et *El Siglo Futuro*, 15 août 1896.

Cubain comme un soldat de la cause de l'indépendance, qui ne prend pour lui que ce dont il a besoin pour vivre et récompenser ses auxiliaires, le surplus du produit de ses exploits devant fournir à la junte révolutionnaire les ressources nécessaires pour nous faire un jour la guerre sur une grande échelle. Ses revenus les plus considérables, les plus assurés et les plus faciles à recouvrer sont les contributions dont il frappe les propriétés ; il trouve, en effet, pour leur recouvrement une garantie dans la facilité de brûler les champs de canne à sucre et les pâturages pendant la sécheresse (1). »

Quant à l'immoralité de l'administration espagnole, elle n'était pas aussi grande qu'on a bien voulu le dire ; les fonctionnaires honnêtes et zélés ne manquaient pas à Cuba, mais à côté d'eux se montraient trop souvent des hommes venus de la péninsule avec la pensée de s'enrichir le plus vite possible (2) ; les fraudes commises au préjudice du trésor public en matière de douanes ou de déclarations de successions étaient nombreuses (3) et elles avaient pour conséquence de retarder le paiement de tous les services coloniaux. Qu'on ajoute à cela les attaques journellement dirigées contre le gouvernement de la métropole dans la presse et dans les chaires de l'enseignement ; qu'on se souvienne que, plus on accordait de droits aux Cubains, plus ceux-ci persistaient à crier à l'oppression et à l'injustice (4), et l'on verra si l'Espagne pouvait espérer maintenir sa suzeraineté sur une colonie où tout conspirait contre elle.

Ce qui fait le principal titre du général Polavieja à l'admiration de ceux qui ne se paient pas de mots, c'est d'avoir compris qu'on ne devait pas indéfiniment rester à Cuba. Non seulement il l'a compris, mais il a osé le dire. Ayant pris part à presque toute la première guerre séparatiste et commandé en chef dans la seconde, il était plus à même que personne de mesurer l'étendue des sacrifices que le peu-

(1) *Mi politica en Cuba*, p. 86.
(2) Il est juste néanmoins de faire observer qu'à la veille du dernier soulèvement, 80 pour 100 des fonctionnaires de la grande Antille étaient Cubains.
(3) Le général Polavieja déclare lui-même que les fraudes constatées par un de ses prédécesseurs s'élevaient à 22,811,516 douros.
(4) Toutes les mesures prises par le gouvernement espagnol dans l'intérêt des insulaires sont exposées avec autant de modération que de clarté dans l'ouvrage suivant : *España y Cuba. Estado politico y administrativo de la grande Antilla bajo la dominación española.* — Madrid, 1896, in-12 de 204 p.

ple espagnol devait s'imposer pour assurer l'intégrité de son empire colonial. Il ne doutait pas que, si une troisième insurrection éclatait, l'Espagne ne donnât une nouvelle preuve de sa vitalité en appelant ses enfants aux armes, mais il se demandait s'il serait politique, s'il serait conforme aux véritables intérêts du pays de réaliser les efforts que la répression de la révolte nécessiterait [1].

Tous ses soins tendaient donc à éviter un nouveau soulèvement. C'est pour cela qu'il protestait avec énergie contre toute réduction de l'armée coloniale. « Si en 1868, écrivait-il, Cuba avait compté des forces suffisantes et bien réparties, l'insurrection aurait été promptement terminée ; les économies à l'espagnole et la confiance aveugle d'alors, en tout temps aussi bien espagnole, nous ont coûté d'immenses trésors de sang et d'or [2]. » « Ici, disait-il encore, plus on accorde de libertés, plus il faut de bataillons ; diminuer ceux-ci et augmenter celles-là, c'est préparer une nouvelle guerre [3]. » La patience lui échappait quelquefois et il lui arrivait de s'écrier, en proie à de sombres pressentiments : « Serons-nous toujours imprévoyants ? Aurons-nous toujours pour système d'épargner des maravédis *(ochavos)* pour jeter ensuite des millions [4] ? »

Ce qui, à la date de cette dernière lettre, rassurait le gouvernement espagnol, c'était la pacification obtenue par le général Martinez Campos [5] : il s'imaginait que, contraints de poser les armes après dix ans de lutte, les Cubains étaient incapables d'une nouvelle convulsion, et, parmi les hommes politiques de l'Espagne, plus d'un s'apprêtait à refaire son lit comme avant 1868. Tout autres étaient les dispositions du général Polavieja. Sa conviction était que la grande Antille devait un jour devenir indépendante et il voulait que

---

(1) Il résulte de documents officiels que, de 1895 à 1897, l'armée espagnole a eu, à Cuba, 60 officiers et 1,314 soldats tués ; 1 général, 61 officiers et 704 soldats morts des suites de leurs blessures ; 463 officiers et 8,164 soldats blessés ; 5 généraux, 485 officiers et 50,000 soldats ont en outre été emportés par la fièvre jaune ou d'autres maladies.

(2) Lettre au capitaine général de Cuba, 4 juillet 1879. — *Mi politica en Cuba*, p. 39.

(3) Lettre au même, 9 avril 1881. — *Ibid.*, p. 59.

(4) Lettre au même, 10 novembre 1880. — *Ibid.*; p. 57.

(5) Sur les circonstances dans lesquelles fut conclue la capitulation du Zanjón, cf. A.-E. FLORES, *La guerra de Cuba (apuntes para la historia)*, p. 369.

cette indépendance s'établit dans des conditions avantageuses pour la mère patrie. N'étant encore que gouverneur de Puerto-Principe, il avait exprimé sa manière de voir au capitaine général de Cuba (1) dans une dépêche du 4 juin 1879. Après avoir rappelé que l'insurrection de 1868 n'avait été amenée ni par la misère, ni par l'excès des impôts, ni par la tyrannie du gouvernement, puisqu'elle avait éclaté dans l'année où la richesse de l'île était parvenue à son apogée, dans une région où l'on ne payait que de très faibles contributions et qui, en définitive, jouissait d'une grande liberté de fait (*libertad práctica*), il montrait que les insurgés avaient exclusivement obéi à des aspirations à l'indépendance, qui, pour être prématurées, ne se tairaient plus qu'elles n'eussent reçu satisfaction, puis il ajoutait : « Grand, très grand a été le service que le général Martinez Campos a rendu au pays en pacifiant cette terre ; elle était à la veille de se perdre ; par la force des armes et par les seuls et uniques moyens possibles, il a de nouveau assuré sa possession à l'Espagne ; mais, à mon sens, il est nécessaire pour sa propre gloire que nous ne nous exagérions pas les conséquences de son triomphe. Notre chef a pu subjuguer ce peuple, faire trêve aux passions exaltées et voiler les vieilles haines ; il n'a pas pu, il ne pouvait pas aller contre la nature, qui impose et imposera toujours ses lois en changeant les conditions, les sentiments et les aspirations de tout un peuple. Dans cette conviction, au lieu de vouloir empêcher à tout risque et en tout temps l'indépendance de Cuba, ce qui serait une entreprise vaine, nous devons, à mon avis, nous y préparer, ne demeurer dans l'île que le temps raisonnable et prendre les mesures nécessaires pour ne pas être expulsés violemment, au préjudice de nos intérêts et aux dépens de notre honneur, avant l'époque où nous devons l'abandonner à l'amiable (2). »

(1) Le gouverneur de la grande Antille était alors D. Ramón Blanco y Erenas, marquis de Peña Plata. Capitaine général des Philippines au moment de la révolte des Tagals, il dut céder au général Polavieja l'honneur de battre les insurgés. C'était un vieux soldat, à qui de beaux états de service avaient valu la troisième torsade sur la manche, *tercer entorchado*, et le ministère Sagasta l'envoya à la Havane après le rappel du général Weyler, ne se doutant pas que l'infortuné maréchal aurait la douleur d'être le dernier gouverneur espagnol de Cuba.
(2) Lettre au capitaine général de Cuba, 4 juin 1879. — *Mi política en Cuba*, p. 32.

Avouons qu'il fallait au gouverneur de Puerto-Principe une singulière indépendance pour tenir ce langage à son chef. Telle était, en effet, l'aveugle sécurité du capitaine général de Cuba que, moins de deux ans après la capitulation du Zanjón, il songeait à autoriser un certain nombre d'exilés à revenir dans l'île. Au jugement du général Polavieja, c'était la plus lourde faute qu'on pût commettre : « Nous devons, écrivait-il à D. Ramón Blanco, nous mettre en garde contre les défauts de notre caractère national. Nous sommes, nous autres Espagnols, très impressionnables et nous vivons d'extrêmes : nous nous montrons barbares ou nous oublions tout ; il en résulte que nous nous rendons odieux et qu'on croit pouvoir nous tromper impunément. Pourquoi ne pas prendre un moyen terme? Pourquoi ne pas gouverner avec la tête, au lieu de le faire avec le cœur?.... Si nous devons toujours être les mêmes, j'augure mal du dénouement de la question de Cuba. Cuba se perdra pour la civilisation, et nous en sortirons d'une fâcheuse manière (1). »

Dès cette époque, l'évacuation de la perle des Antilles ne paraissait à un observateur aussi attentif qu'une question d'années. Englobée dans le monde américain, Cuba ne pouvait pas ne pas en partager les sentiments, les idées, et le mouvement qui portait les insulaires à se déclarer indépendants dérivait, suivant le général Polavieja, d'une loi fatale contre laquelle rien ne devait prévaloir (2).

« Nous sommes, répétait-il à D. Ramón Blanco, dans un passage sans issue, et la génération présente est victime d'une fatalité historique : il fut un temps où tout concourut à la découverte et à la colonisation d'un nouveau monde, et à présent en vient un autre où tout est conjuré pour le perdre. Je ne suis pas de ceux qui s'abandonnent entre les mains de la fatalité et sont vaincus faute de courage : je veux lutter et je lutte pour qu'on n'amène pas honteusement notre pavillon à Cuba et pour que cette terre ne soit pas perdue pour

(1) Lettre au capitaine général de Cuba, 20 octobre 1880. — *Mi politica en Cuba*, p. 51.

(2) Un auteur à qui le public français doit de mieux connaître la question cubaine distingue également, au-dessus des causes particulières du soulèvement de Cuba, « une cause plus générale, presque une loi ; c'est que, dans un temps donné, il n'est pas de colonie qui ne fasse effort pour se détacher de la métropole, à moins d'être peuplée exclusivement par des races très inférieures. » C. BENOIST, *L'Espagne, Cuba et les États-Unis*, p. 22.

la civilisation, laissant de côté l'idée de vouloir l'occuper à perpétuité (1). »

A ceux qui ajoutaient foi aux protestations de fidélité des insulaires le général Polavieja répondait que, si ceux-ci se couvraient du masque de la légalité, c'était uniquement pour attendre l'occasion de manifester tout haut leur haine (2) : « Croire autre chose, assurait-il, c'est vivre d'illusions, méconnaitre la nature humaine et ne pas vouloir se rappeler l'éternelle histoire de l'indépendance des colonies, lorsque, comme ici, sont nés et ont pris corps dans leur sein les idées et les sentiments d'émancipation. » Ce qu'il souhaitait avant tout, c'était que le gouvernement de la métropole ne se laissât pas surprendre par les événements : « Dans les affaires de ce monde, désirer n'est pas obtenir ; il est nécessaire que les moyens soient en rapport avec la fin que l'on veut atteindre. Ici, la fin est la conservation de la paix, et les moyens, la vigilance, l'activité, la sagacité, des bataillons, des escadrons, une organisation et une occupation militaires : sans tout cela, le déluge (3). »

Quand le général Polavieja insistait ainsi sur la nécessité d'être sur ses gardes, il ne soupçonnait pas qu'il aurait l'honneur de mener à bonne fin la *guerra chiquita*. Toujours modeste, c'est à peine s'il fait allusion à cette campagne dans son livre (4) ; il s'étend de préférence sur les difficultés de sa tâche comme administrateur d'une province où l'élément révolutionnaire recrutait de nombreux soldats parmi les hommes de couleur, difficultés telles que leur souvenir lui arrache ce mélancolique aveu : « Je ne dis rien du rude labeur auquel je me suis vu assujetti à Santiago-de-Cuba ; c'est là que j'ai laissé ma jeunesse au service de la patrie (5). »

En 1890, le rôle du vaillant officier s'agrandit : les conservateurs

---

(1) Lettre au capitaine général de Cuba, 9 juillet 1831. — *Mi politica en Cuba*, p. 63.
(2) Tel était d'ailleurs le mot d'ordre donné par les loges maçonniques. Cf. J.-B. Casas, *La guerra separatista de Cuba*, p. 456.
(3) Lettre au capitaine général de Cuba, 4 juin 1879. — *Mi politica en Cuba*, p. 39.
(4) Sur la répression du soulèvement du département Oriental par le général Polavieja, cf. E.-A. Flores, *La guerra de Cuba (apuntes para la historia)*, p. 439.
(5) *Mi politica en Cuba*, p. 42.

ayant remplacé les libéraux au pouvoir, un des premiers actes du ministère Cánovas fut de confier le gouvernement de la grande Antille à celui qui semblait seul capable de tenir en bride l'humeur inquiète des habitants de celle qu'on ne pouvait plus nommer sans ironie *la siempre fiel isla de Cuba*. Le nouveau capitaine général ne perdit pas de temps pour prendre possession de son commandement, et dès lors commença cet envoi régulier de dépêches roulant sur trois ou quatre idées fondamentales, dans lesquelles les hommes d'État de la péninsule finirent par ne voir qu'un refrain importun (*cantilena molesta*), refusant de prendre au sérieux ce qu'ils traitaient d'hallucinations pures (*visiones de alucinado*). Le ministre des colonies (*Ultramar*) du nouveau cabinet, D. Antonio Maria Fabié, était son ami ; il lui adressa de nombreuses lettres en dehors des rapports officiels qu'il était tenu de lui envoyer tous les dix jours ; pas une de ces communications dans laquelle il ne revint sur la nécessité d'avoir une politique arrêtée. Son vœu le plus cher était, en effet, de voir s'établir au département des colonies des traditions si fortes, si stables, que les fréquents changements de ministère fussent impuissants à les déraciner.

« Tu me diras, a-t-il écrit plus tard à son beau-frère, qu'il est contraire aux gouvernements parlementaires d'avoir une politique coloniale constante, précise, claire et bien définie, en complète harmonie avec les intérêts de la colonie et de la métropole, et de développer cette politique avec le calme, la prudence, la constance, l'habileté et l'énergie que demande une œuvre si difficile et si longue. A cela je te répondrai, non par l'exemple de l'Angleterre, où il y a encore des classes de gouvernement et où le chef de l'État n'est pas électif, mais par l'exemple des États-Unis. Là, bien qu'il n'y ait pas de classes dirigeantes et que le chef de l'État change tous les quatre ans, on suit toujours, depuis la proclamation de l'indépendance, la même politique contre nous et contre le Mexique, sans hésitations, sans détours, sans changement d'objectif. C'est cette politique qui a aidé les insurgés de nos colonies continentales ; c'est elle qui nous a enlevé la Floride, et au Mexique le Texas et une grande partie de son territoire du nord ; c'est elle qui prépare la prise de possession de Cuba par toutes les voies et tous les moyens imaginables et qui a placé les États-Unis dans des conditions telles que leur secrétariat des affaires étrangères connaît parfaitement et jour par jour l'état social, politique et économique de Cuba, tandis que notre ministère des colonies ignore tout ce qui a trait aux problèmes qui s'agitent ici et à la véritable opinion des insulaires (1). »

Ne pouvons-nous pas, nous autres Français, nous faire l'application de quelques-unes des réflexions qui précèdent ? Chez nous, les changements de ministère sont encore plus fréquents que de l'autre côté des Pyrénées ; la république, telle que ses plus chauds partisans la comprennent, est le régime même de l'instabilité ; on n'exige des aspirants aux divers portefeuilles ni capacités ni connaissances spéciales, et, dans le cabinet que la Chambre des députés a récemment renversé, le département des colonies était confié à un obscur avocat jurassien que rien ne désignait pour occuper un poste d'une pareille importance. Ce n'est donc pas à nous de railler les Espagnols ; ils auraient trop beau jeu pour nous répondre en comparant notre situation et la leur : *Olivo y acceituno es todo uno.*

Après cela, le but que le général Polavieja poursuivit sans relâche à la Havane, ce fut de développer les ressources de l'île de telle façon que, dépouillant ses tendances révolutionnaires, le parti autonomiste se rapprochât du parti espagnol. L'autonomie, dans laquelle certains voyaient le salut immédiat, ne lui paraissait encore, en politique, qu'une nébuleuse (*nebulosa politica*) ; il voulait qu'avant d'être consacrée par les décrets du gouvernement de Madrid, elle devînt une réalité bienfaisante, destinée, dans sa pensée, à ménager la transition de la sujétion à l'indépendance (2). Là seulement était, suivant lui, la solution finale du problème qu'on débattait avec autant de maladresse que de passion. « Cuba, répétait-il, a un territoire trop étendu

---

(1) Lettre au marquis de las Cuevas del Becerro, mai 1892. — *Mi politica en Cuba*, p. 73.

(2) Sur ce point le général Polavieja se séparait des hommes d'État qui combattaient l'établissement d'un gouvernement autonome, parce qu'ils ne voulaient pas préparer l'indépendance de Cuba. Le 3 juillet 1891, le président du conseil des ministres, D. Antonio Cánovas del Castillo, se félicitait à la tribune de voir s'élever des bancs libéraux les protestations les plus véhémentes contre l'autonomie, « régime équivoque, inadmissible, inapplicable, préparatoire de l'indépendance. » Six ans plus tard, il soumettait à la signature de la reine régente un projet de loi dotant la grande Antille d'institutions qui constituaient une sorte de *self government*. C'est bien en politique qu'on ne doit pas dire : « Jamais ! »

pour qu'il soit possible d'en être maîtres à perpétuité (1).... Que pourrons-nous contre Cuba, écrivait-il au ministre de l'intérieur (*Gobernacion*), D. Francisco Silvela, le jour où l'île aura quatre ou six millions d'habitants (2) ? » Préparer de longue main ce qu'il était impossible d'éviter lui semblait l'unique moyen d'empêcher le triomphe de la révolution, au lendemain duquel la grande Antille deviendrait fatalement une simple colonie yankee, au lieu de constituer un État hispano-américain. Ainsi, tandis qu'avec une obstination dans laquelle les raisons de sentiment jouaient un rôle prépondérant (3), l'opinion publique refusait à Madrid de dépouiller l'Espagne du « dernier reste du royal manteau que, durant des siècles, elle traîna derrière elle (4), » il confessait que la colonie romprait dans un avenir peu éloigné les liens qui l'unissaient à la métropole, et, s'appropriant sans s'en douter les termes mêmes des instructions remises, trente-huit ans auparavant, à un ambassadeur américain par le gouvernement de Washington, il déclarait qu' « en vue de la forte probabilité, pour ne pas dire de la certitude d'un pareil événement, l'Espagne pourrait (le général Polavieja disait : devait), d'une manière conciliable avec son honneur national et avantageuse pour ses intérêts, anticiper et donner naissance à une nation indépendante, de sa propre race, et avec laquelle elle aurait des relations commerciales aussi profitables que celles auxquelles elle l'obligeait par une annexion que soutenait et prolongeait la force (5). »

La politique qu'il préconisait était, à son avis, la seule qui, en écartant l'hypothèse de la vente de Cuba aux États-Unis (6), lui parût

---

(1) Rapport officiel du 30 novembre 1890. — *Mi politica en Cuba*, p. 107.
(2) Lettre à D. Francisco Silvela, 10 avril 1891. — *Ibid.*, p. 123. La population de Cuba est actuellement de 1,631,690 habitants.
(3) C'est l'orgueil national qui parlait par la bouche de D. Antonio Cànovas del Castillo, lorsque, répondant à ceux qui objectaient les sacrifices énormes que la conservation de Cuba nécessitait, l'éminent homme d'État disait à un journaliste français : « Cuba, pour l'Espagne, c'est son Alsace-Lorraine : l'honneur de l'Espagne est engagé. » G. ROUTIER, *L'Espagne en 1897*, p. 166.
(4) C. BENOIST, *L'Espagne, Cuba et les États-Unis*, p. 7.
(5) Instructions de M. Marcy, secrétaire d'État, à l'ambassadeur des États-Unis à Madrid, 23 juillet 1853. — C. DE SEDANO, *Cuba : estudios politicos*, p. 128.
(6) Tout le monde connaît la conférence qui eut lieu à Ostende, en 1854, entre les trois représentants des États-Unis à Londres, à Paris et à Madrid dans

susceptible de sauvegarder les intérêts des Espagnols établis dans l'île ; elle était également la seule qui pût amener pacifiquement la déclaration de l'indépendance de la grande Antille sans entraîner des troubles en Espagne ; aussi persistait-il à croire qu'il fallait tout mettre en œuvre pour faciliter une évolution qu'il regardait comme inévitable. « On a suivi d'autres politiques, avait-il écrit au ministre des colonies en prenant possession de son commandement, on pourra en suivre d'autres, et il n'est pas douteux qu'on le fasse, étant donnée l'idée fausse que certains partis se forment de la politique coloniale, mais la meilleure ne fera qu'éloigner la catastrophe, elle ne l'évitera jamais. Nous devons sortir de Cuba avec honneur, et non en être chassés honteusement, soit par la voie des armes, soit par une retraite qui n'aurait pas ici la même justification qu'à Saint-Domingue. » Il disait dans le même rapport : « Ma conviction, à l'égard du peuple qui découvrit, conquit et colonisa l'île de Cuba, est que son honneur, les destinées de sa race et son propre intérêt l'obligent à laisser après lui une forte nationalité, pour qu'avec la république mexicaine, Cuba serve de barrière à la race saxonne, contenant la marche envahissante de celle-ci vers le sud, et non un nouveau Saint-Domingue avec son Haïti [1] allant du Cauto et de Nipe à la mer du Sud. Or, c'est à quoi s'acheminent sans le vouloir les autonomistes et les séparatistes et où s'acheminerait la politique qui s'appuierait sur eux ; la situation de cette île entraînerait de la sorte le triomphe définitif des États-Unis appelés par les annexionistes, et ceux-

---

le but d'obtenir de l'Espagne la cession de Cuba. Cf. Mémoire de MM. J. Buchanan, J.-J. Mason et P. Soulé, 18 octobre 1854. — C. DE SEDANO, *op. cit.*, p. 137.

Une première tentative pour acheter Cuba avait été faite en 1848, sous le ministère Narvaez. Ce projet fut repris, en pleine guerre de Dix ans, par le général Sickles, ministre des États-Unis à Madrid, mais le général Prim ne se montra pas plus disposé que le maréchal Narvaez à vendre aux Yankees la perle des Antilles. V. *El Liberal*, 17 janvier 1897.

(1) La constitution d'une semblable république était, on ne l'ignore pas, l'idéal du chef mulâtre Maceo. Invoquant en patois nègre les grandes âmes de Washington, de La Fayette et de Bolivar (*los grandes espiritus de Guacinton, Laffayet y Bolibar*), il avait dit, dans son manifeste du 25 mars 1878 : « Devemos formar una nueva república asimilada como nuestra hermana, la de Ayti y Santo Domingo. » E.-A. FLORES, *La guerra de Cuba* (*apuntes para la historia*), p. 423.

ci encourraient ensuite le sort des Hispano-Américains de l'État du Texas [1]. »

Le lecteur n'est pas sans avoir remarqué les nombreuses allusions des dépêches du général Polavieja aux desseins de la république américaine. C'est que sa pénétration accoutumée lui faisait voir dans la politique suivie par des hommes d'État de l'Union un perpétuel danger pour les colonies espagnoles ; il savait, en particulier, que les Yankees convoitaient depuis longtemps la perle des Antilles, et leur ambition était, il le confesse, devenue son cauchemar (*pesadilla*).

Il ne lui échappait point que, par suite de son éloignement de la métropole, la florissante colonie avait besoin d'un allié dans le nouveau monde. Cet allié, on crut un moment le trouver dans ce qui subsiste de l'immense empire conquis par Fernand Cortez. Le ministre des affaires étrangères du Mexique étant venu à Cuba, le général Polavieja profita de cette circonstance pour essayer de gagner à ses vues la république mexicaine ; il eut avec D. Ignacio Mariscal de longues conférences et ne négligea rien pour le convaincre de la nécessité d'une étroite union entre les deux pays. « Étant données, écrivit-il, le 10 septembre 1890, au ministre des colonies, la tendance manifeste des États-Unis à reculer leur frontière du côté du Mexique et leur intention bien connue d'être un jour maîtres de l'île de Cuba [2], il nous importe, et il importe aussi à la république mexicaine, qu'on sache que nous entretenons les relations les plus cordiales avec cet État, afin que la crainte de voir notre amitié se changer facilement en une alliance défensive pèse comme un facteur d'une

---

[1] Rapport officiel du 30 novembre 1890. — *Mi politica en Cuba*, p. 104.

[2] « J'avoue, disait en 1823 le président Jefferson, avoir toujours été d'avis que Cuba serait l'addition la plus intéressante à notre système d'États. » A la même date, M. Adams, secrétaire d'État, écrivait : « Il y a des lois de gravitation politique autant que de gravitation physique ; et, si une pomme détachée par la tempête de l'arbre qui l'a produite ne peut que tomber à terre en vertu de la loi de gravité, ainsi Cuba, séparée par la force de sa propre connexion avec l'Espagne et incapable de se maintenir à elle seule, ne peut que graviter vers l'Union nord-américaine, laquelle, suivant la même loi de nature, ne peut la rejeter de son sein. » C'est à propos de cette dépêche que M. Charles Benoist fait justement observer que, s'il y a des gens qui se contentent d'attendre la chute de la pomme, « il en est de plus pressés, qui ne craignent pas de secouer le pommier. » *L'Espagne, Cuba et les États-Unis*, p. 82.

importance manifeste dans les décisions du gouvernement américain (1). » Tout se borna malheureusement à l'envoi d'une lettre du général Porfirio Díaz, président de la république mexicaine, que le consul général du Mexique à la Havane fut chargé de remettre au gouverneur ; les termes en étaient courtois, mais aucune négociation sérieuse ne fut entamée.

Privé de l'appui sur lequel il avait compté, le général Polavieja redoubla de vigilance. L'œil constamment ouvert sur les sourdes menées de la Maison-Blanche, il multiplia les avertissements, et ce ne fut pas sa faute si le gouvernement de la métropole méconnut l'existence des nuages qui s'amoncelaient à l'horizon.

Le 10 février 1891, il envoya au ministre des colonies la traduction d'un article de la *Tribune*, de New-York, intitulé : *L'avenir de Cuba*. Ainsi qu'il le faisait justement observer à D. Antonio Maria Fabié, cet article eût pu être mis de côté, s'il n'eût exprimé que le désir plus ou moins vif des Yankees de s'agrandir aux dépens d'un peuple voisin, mais ce qui lui donnait une importance réelle, c'est qu'il développait le plan opiniâtrement suivi par les États-Unis depuis plusieurs années ; le journal dans lequel il avait paru était l'organe de M. Blaine (2); l'auteur avait accompagné le secrétaire de cet homme politique dans une excursion récente à Cuba ; tous deux avaient parcouru l'île d'un bout à l'autre, et le journaliste indiquait comme unique moyen de salut une voie dans laquelle un grand nombre de Cubains n'étaient que trop disposés à s'engager.

Divers incidents vinrent fortifier les soupçons et accroître les alarmes du général Polavieja. Dix jours après l'envoi de l'article de la *Tribune* au ministre des colonies, il adressa au général Azcárraga, ministre de la guerre, la lettre particulière qui suit :

« Mon cher général et ami, M. H. L. Haso Thomé, officier d'artillerie au service des États-Unis, a publié dans la revue *The Journal of the Military service Institution* un mémoire dont j'ai l'honneur de vous adresser la traduction littérale. Cette étude a par elle-même un extrême intérêt pour nous autres ; cet intérêt augmente, si l'on considère que l'importante publication dans laquelle elle a paru

---

(1) *Mi politica en Cuba*, p. 146.
(2) M. James G. Blaine était depuis 1889 secrétaire d'État à Washington.

compte parmi ses rédacteurs le major général Howard, chef de la division de l'Atlantique. Elle révèle les idées qui dominent dans l'armée américaine, car, bien qu'à première vue son objet soit de déduire les avantages que les États-Unis retireraient à l'avenir pour leur commerce de la possession de ports qui ne leur appartiennent pas actuellement, avantages qui pourraient avoir une très grande importance le jour où le canal de Panama ou le canal de Nicaragua seraient ouverts au trafic, en réalité l'esprit qui l'inspire n'est autre que l'esprit militaire qui se manifeste depuis peu de temps en Amérique.

« Les hommes de guerre de l'Union ont, aussi bien que les hommes politiques, leurs regards fixés sur Cuba (1).

« Depuis mon arrivée j'observe ces symptômes : tantôt c'est la presse de ce pays qui excite les esprits des producteurs et des commerçants de l'île contre le gouvernement de la métropole, leur disant qu'avec ses lois celui-ci ne les laisse pas gagner tout ce qu'ils pourraient et leur faisant entrevoir les avantages qu'ils retireraient de l'annexion ; tantôt ce sont des conversations que j'ai avec des personnages importants de cette république, parmi les voyageurs qui, grâce à la facilité croissante des communications, viennent en grand nombre jouir de la bénignité de notre climat en hiver. Il y a quelques jours, j'ai eu précisément la visite du général Benet, qui, il y a peu de temps, commandait toute l'artillerie de l'Union avant de passer dans le cadre de réserve ; il était tellement pénétré de la puissance de son pays qu'au cours de l'entretien il me dit, avec le plus grand naturel du monde, que l'Europe ne pourrait pas soutenir une guerre en Amérique à son avantage, d'abord à cause de la grande distance qui sépare les deux continents, et par-dessus tout à cause de la cherté des guerres actuelles, les nations du vieux continent étant pauvres, tandis que chez eux les ressources de tout genre abondent.

« Depuis la proclamation de l'indépendance, les États-Unis ont fondu les diverses nationalités qui les composent en une seule parfaitement distincte, ayant son caractère propre, et ils se préparent à la guerre :

---

(1) En 1852, la France et l'Angleterre avaient proposé aux États-Unis une convention garantissant à l'Espagne ses possessions des Antilles, mais ils avaient nettement refusé de renoncer à une acquisition future qui, selon eux, était dans l'ordre des choses. V. Dépêche de M. Everet, secrétaire d'État, du 1ᵉʳ décembre 1852. — C. DE SEDAÑO, *Cuba : estudios politicos*, p. 111.

un de leurs principaux objectifs est de s'emparer de l'île de Cuba. Leurs vaisseaux de guerre profitent de toutes les occasions pour reconnaître les côtes et en relever les contours ; ils étudient un ensemble de fortifications allant de Key-West à Tampa et à un autre endroit du littoral de la Floride pour servir de points d'appui à l'établissement d'une station navale qui domine le golfe du Mexique. Si ce n'était assez, il suffirait de donner comme preuves le fait qu'ils projettent d'accroître considérablement leur marine militaire et qu'ils ont déjà ordonné la transformation de l'armement de leurs troupes au moyen du fusil de petit calibre, qu'on tient aujourd'hui pour le meilleur. Ce qui, d'autre part, confirme mes craintes, c'est qu'une nation éminemment mercantile ne peut pas ne pas voir que si Cuba, clef du golfe du Mexique, lui appartenait, tout le commerce de l'île serait entre ses mains ; or, il prend de jour en jour un développement considérable; si la paix intérieure dont notre colonie jouit aujourd'hui continue, elle arrivera à être un marché des plus riches et procurera par conséquent à la nation qui accaparera son commerce des bénéfices incalculables.

« Les diverses commissions qui viennent fréquemment nous étudier prouvent aussi que les regards des Américains sont fixés sur notre territoire.

« Peu avant mon arrivée, il y a eu une commission de journalistes ; depuis il en est venu une autre très nombreuse de personnes des deux sexes ; le prétexte de sa venue était un voyage de plaisir, mais son véritable objet était de connaître les opinions qui dominent dans le corps professoral, qui ici, comme partout ailleurs, exerce une si grande influence sur la jeunesse [1] : à titre de collègues, on a été naturellement sur un pied d'intimité. Aujourd'hui c'est une soi-disant commission scientifique qui étudie la flore du département Oriental, et je suis déjà informé qu'il en viendra bientôt une autre pour étudier la flore du Camagüey.

« Le secrétaire particulier de M. Blaine est également venu en compagnie d'un rédacteur de la *Tribune* de New-York, et le journal en

---

[1] Sur l'appui que l'enseignement public et privé a toujours donné aux idées séparatistes dans la grande Antille, cf. J.-B. CASAS, *La guerra separatista de Cuba*, p. 82.

question a publié des lettres très significatives datées de Cardenas.

« Un autre personnage qui vient de nous visiter est M. Foster, homme politique bien connu à Madrid (1).

« Ces nouvelles et ces considérations me paraissent d'une telle importance que je juge à propos de vous les communiquer pour que vous ayez connaissance de la situation que l'île traverse et des conséquences qui pourraient survenir, si nous ne nous apprêtions pas à les contrecarrer à temps (2). » ·

Le même jour, le général Polavieja fit parvenir au ministre des colonies un rapport dans lequel il signalait la dangereuse propagande des autonomistes et des séparatistes répétant à l'envi les uns des autres qu'il n'y avait rien à attendre de l'Espagne *(no hay nada que esperar de España)*. « Ces propos, disait-il, trouvent ici tant d'écho que les fabricants de tabac, qui ont toujours eu des idées radicales, et la plupart des commerçants, c'est-à-dire le principal nerf du pouvoir de l'Espagne à Cuba, ne craignent pas.... de nous combattre, eux qui donnent la vie et le mouvement à l'île, eux qui forment le principal noyau des bataillons de volontaires qui ont donné de si nombreuses et de si extraordinaires marques d'attachement à l'Espagne *(españolismo)* pendant les guerres passées et jusqu'à il y a un peu moins d'un an. En vain fait-on appel au sentiment patriotique ; il est inutile de leur démontrer au moyen des précédents que, le jour où Cuba cesserait d'être à l'Espagne, il n'y aurait plus ici d'autre industrie que celle des Yankees et qu'il ne pourrait plus subsister d'autre commerce que celui que ceux-ci établiraient. Ils le nient carrément; ils disent que nous les ruinons et que, les temps étant changés, Cuba, en d'autres mains, serait en peu de temps un pays florissant. Les États-Unis, de leur côté, ne cachent déjà plus leur éternelle aspiration à prendre possession de cette île (3). »

Dans ce même rapport, le capitaine général dénonça, comme autant d'indices graves, les articles de la presse américaine, les conversations de M. Blaine avec des réfugiés cubains, enfin le nombre rela-

---

(1) M. Foster avait été ambassadeur des États-Unis auprès du gouvernement espagnol.
(2) Lettre au ministre de la guerre, 20 février 1891. — *Mi política en Cuba*, p. 149.
(3) Rapport officiel du 20 février 1891. — *Ibid.*, p. 153.

tivement considérable des excursionnistes qui parcouraient l'île en tout ou en partie. Il ne croyait cependant pas les Yankees disposés à disputer immédiatement à l'Espagne la souveraineté de Cuba : l'attitude du Bismarck américain (1), ainsi que les tendances annexionnistes qu'il constatait aux États-Unis, lui paraissaient simplement la preuve de la résolution de poursuivre pour le moment une campagne économique destinée à accroître le malaise commercial de la colonie.

« La nation américaine, écrivit-il à D. Antonio Maria Fabié, attendra une occasion favorable pour obtenir ce qu'elle désire, sans grands sacrifices ni grandes complications, et il est clair qu'elle pourra croire cette occasion arrivée, s'il surgit de graves questions d'ordre public qui lui servent à justifier son intervention de la manière dont les forts justifient leurs attentats contre les faibles (2). »

Tout ce qu'il observait le confirmait dans la croyance que les États-Unis ne demandaient qu'à intervenir à Cuba : comment expliquer autrement l'activité de leurs chantiers de constructions maritimes et les défenses élevées sur leur littoral ? Il était exactement informé des travaux de l'amirauté yankee et, en en rendant compte au ministre de la guerre, il lui disait, le 30 mars : « Si on étudie les faits qui se succèdent chez nos voisins, on constate une tendance chaque jour plus marquée à convertir en fait le résultat final déduit de la doctrine de Monroë ; on voit, en effet, clairement que les États-Unis s'apprêtent à saisir avec autant de rapidité que d'énergie l'occasion de se rendre maîtres, entre autres pays, de l'île de Cuba, qu'ils qualifient depuis longtemps de Gibraltar du golfe du Mexique, occasion qu'ils cherchent à précipiter avec un sens pratique qui démontre l'étude approfondie qu'ils ont faite de leur dessein.

« Ces tendances, vous le savez fort bien, ne sont pas nouvelles, et elles se manifestent toutes les fois que les destinées de cette nation

---

(1) C'est le nom que ses compatriotes donnaient à M. Blaine.
(2) Rapport officiel du 28 février 1891. — *Mi politica en Cuba*, p. 157. « Mes prédécesseurs, disait le président Buchanan dans le message de 1859, ont à plusieurs reprises tenté d'acquérir Cuba de l'Espagne au moyen d'une négociation honorable. Le pussions-nous, nous ne voudrions pas acquérir Cuba d'une autre manière.... C'est la conduite que nous tiendrons toujours, *à moins qu'il ne se présente des circonstances qui nous autorisent clairement à nous en départir.* »

sont dirigées par des hommes ambitieux et doués d'initiative, comme ceux qui sont aujourd'hui au pouvoir.

« Pour le moment, ils ont commencé par soulever le conflit économique que vous connaissez avec la loi de réciprocité, loi qui nous a enlevé les sympathies d'une grande partie des deux plus importantes ou, pour mieux dire, des seules classes de producteurs du pays, et l'agitation produite par cette loi persiste, soutenue par les excitations de l'élément révolutionnaire créole, à qui la plupart des producteurs en question servent d'instrument pour atteindre ses fins, bien différentes à coup sûr des leurs. Plus tard, ils nous susciteront une autre difficulté, jusqu'à ce qu'ils nous aient entièrement aliéné les esprits. Et, pendant que le mécontentement s'étend et arrive à être général, ils s'empressent de créer une flotte puissante qui surpasse celle que nous pouvons leur opposer. De cette nouvelle flotte sont déjà en service cinq croiseurs protégés, du type de notre *Reine Régente* (1), avec 10 à 14 pièces de 6 et 8 pouces, deux croiseurs sans protection avec 8 pièces de 4 et 6 pouces, un aviso et une canonnière, tous à marche rapide.

« Il restera en tout disponibles, dans la première moitié de l'année, quatre vaisseaux de plus : le *Newas K.*, croiseur protégé de 4,000 tonnes avec 10 pièces, le *Washington* et le *Concovel*, et un monitor à deux tourelles avec 4 canons de dix pouces. Sont aussi presque terminés trois monitors de 3,000 tonnes et un autre de 6,000, le *Maine* (2), croiseur protégé de 6,000 tonnes, le *Texas*, cuirassé, et le *Monterey*, monitor, tous deux également de 6,000 tonnes. Il y a en voie de construction huit croiseurs protégés (dont un de 8,000 tonnes), et les États-Unis ont récemment acheté trois cuirassés du type le plus puissant qu'on connaisse aujourd'hui. La preuve évidente qu'ils sont décidés à pour-

---

(1) La *Reina Cristina* faisait partie de la petite escadre détruite, le 30 avril 1898, dans la baie de Cavite par l'amiral Dewey.

(2) C'est le cuirassé dont l'explosion dans le port de la Havane précipita la déclaration de guerre des États-Unis. Les Yankees ont attribué la perte de ce vaisseau à l'établissement d'une mine sous-marine et, dans son message du 5 décembre dernier, le président Mac-Kinley a reproduit cette accusation odieuse, contre laquelle le peuple espagnol proteste avec indignation. A Paris, M. Montero Rios a proposé de nommer une commission mixte chargée de rechercher les causes du sinistre, mais les délégués américains ont rejeté cette proposition. V. *El Imparcial*, 6, 8 et 9 décembre 1898.

suivre leur résolution, c'est que, le budget de la marine étant l'année dernière de 41 millions de pesos, il est actuellement de 55,677,000 : à la grande revue navale projetée à l'occasion du centenaire de Colomb, ils se proposent de présenter neuf cuirassés ou monitors, dix-huit croiseurs et dix canonnières et torpilleurs.

« Ce développement donné à la marine de guerre dans un pays qui, par sa situation géographique, est en dehors des complications qui peuvent surgir en Europe, est la preuve évidente des intentions des États-Unis. Si cela ne suffisait pas, rien de concluant comme les paroles adressées par le ministre de la marine au sénateur Chandler, ex-ministre du même département, dans la discussion du budget, quand, combattant la construction de cuirassés, il dit, en se référant au projet présenté par le gouvernement : « Sa réalisation rendra les États-Unis égaux ou supérieurs à la plus grande puissance navale de l'Europe ; elle portera, en effet, la force de leurs équipages de 7,500 à 25,000 hommes et consacrera une somme énorme à la construction et à la réparation des vaisseaux. C'est pourquoi je crois préférable de bien pourvoir à la défense de nos côtes et de construire soixante croiseurs et vingt batteries flottantes de protection, appuyant ainsi notre marine marchande et mettant en ligne une flotte supérieure à celle de la plus grande partie de l'Europe et, en particulier, à celle de la nation qui possède l'île de Cuba. »

Le général Polavieja informait ensuite le ministre de la guerre des travaux entrepris par les États-Unis pour la défense de leurs côtes, tels que la construction de batteries rasantes à Sandy-Hook, Coney-Island et Staten-Island, l'armement de Key-West, de Pensacola, de Galveston, de Charleston et de Mobile; puis il ajoutait : « Tous ces faits me paraissent d'une extrême importance; aussi ai-je cru à propos que vous les connaissiez, pour qu'on puisse étudier les moyens d'y résister et éviter que les événements ne nous surprennent (1). »

A la même date, il écrivit au ministre des colonies : « Il est triste que le gouvernement actuel ait à subir la conséquence de maux à l'incubation et au développement desquels il n'a pas eu part; mais on ne peut pas altérer la réalité des faits ni laisser de les accepter

---

(1) Lettre au ministre de la guerre, 30 mars 1891. — *Mi politica en Cuba*, p. 159.

tels qu'ils sont. Au lieu de les déplorer, efforçons-nous donc d'empêcher qu'ils n'augmentent de gravité et d'obtenir que leurs effets soient le moins préjudiciables que possible aux grands intérêts de la patrie (1). »

En lisant ces dépêches, on songe involontairement aux avis que de Strasbourg, où il observait avec une attention inquiète les préparatifs de la Prusse, le brave général Ducrot faisait parvenir avant la guerre de 1870 au cabinet des Tuileries. Lui aussi vit son patriotisme méconnu; on le traita de visionnaire; ses informations furent considérées comme empreintes de pessimisme, et, dans les réunions de Compiègne, les courtisans lui reprochaient en riant de voir des Prussiens partout. Est-il donc dit que, chez les peuples de race latine, l'aveuglement l'emportera toujours sur la clairvoyance, l'imagination sur le sens pratique, la flatterie sur la vérité ?

Au surplus, le général Polavieja ne se faisait pas d'illusions sur le secours qu'on pouvait attendre des cabinets européens. Son opinion était (et les derniers événements ne lui ont que trop donné raison) qu'en cas de conflit entre les États-Unis et l'Espagne, celle-ci ne devait compter que sur elle-même. Écoutons-le formuler ses prévisions à cet égard :

« Les nombreux exemples de l'égoïsme des peuples que nous offre l'histoire du monde, joints aux grandes difficultés qu'une guerre présente et aux énormes dépenses qu'elle suppose, du moins quand il faut maintenir des forces respectables à une distance considérable de la métropole, me font craindre que les nations de l'Europe ne s'opposent pas sérieusement par la diplomatie, et moins encore par les armes, à ce que les États-Unis s'emparent de Cuba. Ce qui fortifie cette opinion dans mon esprit, c'est la croyance que ce peuple ne refuserait pas de conclure, relativement à la traversée du canal de Nicaragua, des conventions ou des traités d'après lesquels cette voie fluviale ne serait plus un chemin exclusivement américain, que les États-Unis pourraient fermer à leur gré au commerce du monde.

« Les intérêts matériels des nations européennes ainsi assurés, il ne paraît pas probable que celles-ci s'engagent à guerroyer dans ces

(1) Rapport officiel du 30 mars 1891. — *Mi politica in Cuba*, p. 163.

mers, alors surtout qu'il s'agirait de lutter contre un peuple qui, ayant le sentiment de sa grandeur et de son pouvoir, ne veut et ne peut avoir une histoire qu'au moyen de la guerre et, à cet effet, accumule et se prépare à réunir des éléments d'offensive et de défensive dans des proportions aussi extraordinaires que le révèle la lettre dont je vous envoie copie, écrite par une personne compétente et bien informée de Washington.

« Quand le canal de Nicaragua sera ouvert, il sera vraiment difficile de lutter contre les États-Unis. »

Pour plus de détails, le général Polavieja renvoyait le ministre des colonies à un rapport antérieur, dans lequel il avait signalé la possibilité de graves complications à bref délai et expliquait que son but était de fortifier le pouvoir de l'Espagne à Cuba, afin de permettre au gouvernement de diriger les événements, lorsque le moment psychologique serait venu. « Je n'estime cependant pas, ajoutait-il, qu'on doive craindre une action immédiate des États-Unis. Je crois, au contraire, qu'il s'écoulera bien des années avant qu'ils se décident à l'entamer, à moins que ne surviennent des événements extraordinaires rendant facile une entreprise dont la réalisation entre dans les songes de grandeur du peuple américain (1). »

Les complications que le général Polavieja redoutait devaient se produire plus tôt qu'il ne le supposait. Encouragée par l'impunité accordée aux journaux qui attaquaient la domination espagnole (2), la propagande séparatiste s'exerça avec une nouvelle ardeur ; le drapeau jaune et rouge fut insulté dans les rues de la Havane ; enfin, dans les derniers jours du mois de février 1895, une insurrection éclata, et les riches campagnes de Cuba se virent désolées par une guerre sans merci. Le vaillant général n'était plus là pour étouffer, dès ses premiers pas, la révolte dont il avait dit, quatorze ans auparavant : « Si nous donnons lieu à une troisième campagne, elle sera

---

(1) Rapport officiel du 30 mars 1891. — *Mi politica en Cuba*, p. 166.
(2) Pour donner une idée de la violence de ces attaques, il suffit de rappeler que *la Protesta*, de la Havane, invitait les Cubains à s'inspirer de la haine de cet Indien qui à Las Casas le pressant de se convertir pour gagner le royaume des cieux répondit : « Si dans le ciel il y a des Espagnols, je ne veux pas aller au ciel. » E.-A. FLORES, *La guerra de Cuba (apuntes para la historia)*, p. 508.

désastreuse pour la mère patrie (1). » Les insurgés constituèrent un gouvernement qui s'empressa de nouer des intelligences avec un grand nombre d'hommes politiques de l'Union ; désavouées pour la forme par le cabinet de Washington, les expéditions flibustières organisées sur le territoire américain se succédèrent sans relâche ; sous la pression du parlement, le président Cleveland invita l'Espagne à mettre fin à la guerre ; il refusa de reconnaître les Cubains comme belligérants ; mais les États-Unis n'en continuèrent pas moins à favoriser la rébellion de tout leur pouvoir : attitude bien digne de ces puritains que le dessinateur Forain nous montrait, il y a quelques semaines, cachant un revolver sous leur Bible (2). Avec M. Mac-Kinley, le ton de la Maison-Blanche devint encore plus acerbe ; la populace de New-York pendit en effigie le général Weyler, capitaine général de Cuba ; l'autonomie accordée à la grande Antille par le ministère Sagasta ne désarma pas l'hostilité des Yankees, et ils s'appliquèrent à ravitailler et à renforcer les insurgés, jusqu'au moment où l'explosion du *Maine* leur fournit l'occasion d'intervenir à visage découvert qu'ils guettaient depuis longtemps.

La levée de boucliers des Maceo et des Gomez avait trouvé l'île presque dégarnie de troupes (3). Cette incurie était d'autant plus étrange que le général Polavieja n'avait pas ménagé les avertissements au gouvernement de la métropole. « Avant tout, avait-il écrit, le 10 avril 1891, au ministre de l'intérieur, je prétends que le gouvernement de Sa Majesté connaisse en toute vérité la situation politique, économique et sociale de ce pays.... Je ne veux pas qu'il soit moins bien informé que le gouvernement des États-Unis, qui, au moyen de ses consuls (4) et des agents spéciaux qu'il entretient dans

---

(1) Lettre au capitaine général de Cuba, 20 octobre 1880. — *Mi politica en Cuba*, p. 51.

(2) Quoi de plus révoltant, comme hypocrisie, que ce ministre protestant appelant, à l'ouverture du Congrès américain, les grâces d'en haut sur « la reine régente d'Espagne, le jeune roi et l'infortunée nation ! » Tartufe est dépassé de cent coudées par le chapelain du Capitole de Washington.

(3) Il n'y avait, au moment où l'insurrection éclata, que 12 à 15,000 hommes de troupes à Cuba. Sur l'incroyable aveuglement du général Calleja, capitaine général de la grande Antille, cf. E.-A. FLORES, *La guerra de Cuba (apuntes para la historia)*, p. 531.

(4) On connaît le rôle qu'a joué à la Havane le consul général Lee : l'ancien président de la république espagnole, D. Emilio Castelar, a pu dire avec rai-

l'île, connaît parfaitement et avec la dernière exactitude la situation politique de Cuba, tout ce qui s'y dit, s'y pense et s'y désire, aussi bien que tout ce qui s'y fait. Devez-vous lutter à armes inégales contre la diplomatie américaine? Celle-ci sait ce qu'elle veut et où elle va. Pourquoi ne pas faire de même? Là-bas les partis se succèdent au pouvoir et tous les quatre ans on change le chef de l'État, et, malgré cela, les États-Unis suivent, depuis qu'ils se sont déclarés et rendus indépendants, une politique extérieure qui pourra avoir ses temps d'arrêt, mais qui jamais ne déviera ni ne changera d'objectifs. Cette politique claire, précise, bien définie et fort rationnelle, puisqu'elle n'est basée que sur l'intérêt, ils la développent d'un jour à l'autre avec une habileté extrême et une grande persévérance. Rappelez-vous ce que disait notre représentant aux États-Unis, Onis, au vice-roi de Mexico, dans sa dépêche du 10 avril 1812, à l'époque où Monroë était secrétaire d'État : « Chaque jour grandissent de plus en plus les idées ambitieuses de cette république et se confirment ses vues hostiles envers l'Espagne. Votre Excellence est déjà informée par ma correspondance que ce gouvernement ne s'est rien moins proposé que de porter ses frontières à l'embouchure du rio Norte ou Bravo, suivant le cours de ce fleuve jusqu'au 310° degré et tirant de là une ligne droite jusqu'au Pacifique, de façon à prendre les provinces du Texas, du Nouveau-Santander, de Cohahuila, du Nouveau-Mexique et une partie des provinces de la Nouvelle-Biscaye et de la Sonora. Ce projet peut paraître à toute personne sensée tenir du délire, mais il n'en est pas moins sûr qu'il existe, qu'on a levé exprès un plan de ces provinces par ordre du gouvernement [1], en englobant également dans ces limites l'île de Cuba comme une dépendance naturelle de la république. »

son de cet étrange agent diplomatique, dans la *Nouvelle revue internationale*, « qu'incapable de comprendre les avantages des relations courtoises qui existent habituellement entre les peuples et les gouvernements amis.... il a donné à sa mission un caractère mercantile et politique, comme s'il était le délégué des conquérants sur une terre conquise. »

[1] Rappelons à ce sujet qu'en ce siècle les annexions territoriales ont été fréquemment précédées de travaux semblables : avant la guerre de 1870, les Allemands s'attribuaient déjà l'Alsace, et nous ne devons pas oublier que sur leurs cartes notre Franche-Comté figure à l'heure qu'il est sous le nom de *Freigrafschaft*, comme si elle faisait partie de l'empire des Hohenzollern.

« Ce que les États-Unis prétendaient en 1812, poursuivait le général Polavieja, ils l'ont déjà obtenu presque en totalité, malgré leurs luttes politiques et leur redoutable guerre de sécession. C'est que, lorsqu'il s'agit de la grandeur et des intérêts de leur patrie, tous les Yankees travaillent comme un seul homme, instruit, résolu et décidé, qui va toujours de l'avant, qui ne s'embarrasse pas de scrupules, qui sait attendre et proportionner les moyens à ses fins, et, par suite, être diplomate sagace et habile ou soldat audacieux et intelligent, suivant que le temps et les circonstances le demandent.

« En paix avec nous autres, ils ont profité de ce que nous étions occupés par la guerre continentale de l'indépendance pour nous enlever presque toute la Floride, et nous avons dû la leur céder ensuite par un traité; ils ont amené par leurs intrigues la déclaration d'indépendance du Texas, pour après cela l'annexer (1), et ils ont provoqué la guerre avec le Mexique, en faisant passer celui-ci pour l'agresseur, afin de lui enlever le Nouveau-Mexique, l'Arizona et la Haute-Californie, en sorte qu'il ne leur manque plus que l'État de Cohahuila, une partie de celui de Chichahua et de la Sonora, et l'île de Cuba pour remplir leur programme de 1812. Y parviendront-ils? L'avenir se chargera de le dire....

« En ce qui concerne Cuba, j'ai la conviction qu'ils ne rompront pas de lances avec nous, tant que nous conserverons la paix à l'intérieur de l'île et que l'Espagne y développera ses moyens d'attaque et de défense. Ce n'est pas à dire qu'ils ne prétendent plus à sa possession; ils l'ambitionnent aujourd'hui beaucoup plus qu'en 1812, parce que leur politique veut et exige qu'ils soient maîtres du canal qu'on ouvre entre l'Atlantique et le Pacifique (2). »

C'était, on le voit, l'importance que la grande Antille devait acquérir par suite du percement de l'isthme de Darien qui frappait le plus

---

(1) C'est à propos de cette annexion qu'un illustre Yankee écrivait en 1837 : « Il est des crimes qui, par leur énormité, touchent au sublime; la prise du Texas par nos concitoyens a droit à cet honneur. Les temps modernes n'offrent aucun exemple de rapine commise par des individus sur une aussi grande échelle. Ce n'est rien moins que le vol d'un État. » Cf. H. DE LACOMBE, *Un précédent pour Cuba*, dans le *Correspondant* du 10 mai 1898.

(2) Lettre à D. Francisco Silvela, 10 avril 1891. — *Mi politica en Cuba*, p. 130.

vivement le capitaine général de Cuba [1]. Il revenait sans cesse sur ce sujet et, dans la dernière lettre officielle qu'il adressa à D. Antonio Maria Fabié, il lui dit avec encore plus d'insistance : « Est-ce être trop méfiant que de soupçonner que les États-Unis aspirent à appauvrir l'île pour nous décider à l'abandonner, afin qu'une fois abandonnée, elle tombe entre leurs mains? Que Votre Excellence prenne garde aux primes accordées à la culture de la betterave, qui tend à remplacer le sucre de canne et qui le remplacera, et qu'elle juge si la prospérité et la richesse de cette île sont nécessaires aux Américains, alors qu'elle n'a pour eux qu'une valeur militaire [2]. Il est naturel que cette nation aspire à en être maîtresse, parce que, si elle la possédait, elle commanderait au nord le golfe du Mexique, enveloppant ainsi complètement Mexico, et qu'elle a besoin de la côte sud pour commander la mer Caribe, où il y aura dans quelques années un canal interocéanique. Une fois abandonnée par l'Espagne, Cuba passera sans coup férir aux mains de la grande république, puisqu'un blocus de quelques mois suffira pour s'en emparer avec l'aide des partisans de l'annexion [3]. »

Tels sont les avis réitérés que le cabinet de Madrid a eu le tort impardonnable de dédaigner. Il y avait d'autant plus de mérite à ne pas se lasser de les renouveler que ce n'était pas seulement en Espagne qu'on s'abusait sur les desseins de l'Union ; en France notamment on refusait d'admettre que cette nation d'industriels et de marchands pût être hantée par des rêves de grandeur militaire, et la *Revue des Deux Mondes* déclarait gravement que l'oncle Sam n'avait jamais sérieusement songé à l'annexion des îles de la Méditerranée américaine [4];

---

(1) La preuve que les États-Unis ne séparent pas la prise de possession de Cuba de l'ouverture d'un canal mettant en communication les deux Océans se trouve dans le message présidentiel du 5 décembre dernier, déclarant l'ouverture de ce canal plus indispensable que jamais.

(2) « De toutes les annexions auxquelles nous avons droit de prétendre, avait dit deux ans auparavant M. Blaine, celle de Cuba est la plus légitime.... Cuba est un point stratégique important; elle confine au nord à la Floride, au sud à la presqu'île de Yucatan ; elle ferme l'entrée du golfe du Mexique, elle en est la clef, et cette clef serait mieux dans nos mains. » V. *The New York Herald*, 12 février 1889.

(3) Rapport officiel du 10 octobre 1891. — *Mi politica en Cuba*, p. 169.

(4) « Les États-Unis ne convoitent pas plus la prise de possession de Cuba que Cuba n'entend devenir un État américain. Elle aspire à devenir indépen-

supposer le contraire était, suivant elle, faire injure à sa loyauté.

Nous savons maintenant ce qu'il faut penser de la loyauté du peuple américain : l'avidité brutale avec laquelle, non contents d'arracher les Antilles aux descendants des héroïques *conquistadores*, ses diplomates ont revendiqué la possession de l'archipel de Magellan donne à réfléchir aux puissances de l'ancien continent, et les cabinets européens peuvent mesurer les conséquences de la faute qu'ils ont commise en ne s'opposant pas aux entreprises de ces forbans. C'est au nom de l'humanité et de la civilisation que les États-Unis sont intervenus à Cuba, et le résultat de leur intervention est de rendre plus précaire et plus déplorable que jamais la situation de la perle des Antilles ; la guerre que les généraux espagnols faisaient aux rebelles choquait la sensibilité des Yankees [1], et, aux Philippines, ils n'ont pas hésité à fournir des armes aux Tagals pour commettre toutes sortes d'atrocités [2]; à Puerto-Rico, leurs troupes laissent les insulaires se porter aux derniers excès contre les habitants suspects de regretter la domination espagnole. Seule, la Grande-Bretagne applaudit au triomphe de la république américaine ; ses hommes d'État se flattent de voir l'agrandissement territorial des États-Unis tourner à l'avantage de la race anglo-saxonne ; c'est elle qui, par l'appui constant qu'elle a donné aux fils des anciens insurgents [3], leur a permis d'accabler impunément l'Espagne ; qui sait si, la discorde se

---

dante, à conquérir son autonomie politique et commerciale.... De ce que la « Reine des Antilles, » obéissant à une attraction naturelle, incline de plus en plus vers sa puissante voisine, on ne saurait conclure que ce rapprochement commercial soit le prélude d'une annexion territoriale, que ni l'une ni l'autre des deux parties ne souhaite. » C. DE VARIGNY, *Le monde antilien*, dans la *Revue des Deux Mondes* du 1ᵉʳ janvier 1894.

(1) Message officiel du président Mac-Kinley au congrès américain, 11 avril 1898.

(2) Un trait, entre mille, permet de se rendre compte de la férocité des insurgés des Philippines : leur complot ayant été révélé aux religieux du couvent d'Imus par une vieille Malaise, « les moines furent pendus ou noyés, mort douce à tout prendre ; seul le confesseur de la vieille fut découpé en morceaux. » F. TARRIDA DEL MARMOL, *Les inquisiteurs d'Espagne*, p. 315. V. aussi la lettre publiée dans l'*Imparcial* du 30 juillet 1898, sous ce titre : *El martirio de una señora*.

(3) Cet appui a dû désabuser les publicistes qui vantaient, il y a deux ans, les bienfaits de l'alliance de l'Espagne avec l'Angleterre. Cf. J.-B. CASAS, *La guerra separatista de Cuba*, p. 204.

mettant entre Jonathan et John Bull, l'égoïste nation ne sera pas un jour sévèrement punie de sa duplicité (1)?

Pour en revenir au général Polavieja, la conscience qu'il avait des dangers que courait la grande Antille ne l'empêchait pas de se consacrer à sa tâche avec une infatigable activité. « Loin d'abattre mon esprit, disait-il dans un de ses rapports, les difficultés de la situation l'enflamment, et, au lieu de me faire tomber dans le découragement, la stérilité de bon nombre de mes efforts pour améliorer l'état du pays est l'aiguillon qui m'oblige à m'opiniâtrer de plus en plus dans cette lutte de tous les jours et de toutes les heures. Tant que la confiance du gouvernement de Sa Majesté ne me fera pas défaut, je ne reculerai pas d'un point dans l'accomplissement de la tâche qui m'a été confiée, et, n'étaient les sacrifices et les maux qui en résulteraient forcément pour l'Espagne, je désirerais échanger la guerre de diplomatie, de subtilités et de transactions que je suis contraint de soutenir contre la lutte à champ ouvert, car celle-ci répond mieux aux conditions de mon caractère, à ma manière d'être comme soldat et aux aspirations de ceux qui, comme moi, suivent la noble carrière des armes (2). »

Il faut voir dans le livre que j'analyse les multiples objets qui sollicitaient le zèle du général Polavieja : surveillance des menées séparatistes, répression du banditisme, châtiment des fonctionnaires prévaricateurs, encouragements donnés au commerce et à l'industrie, projet d'établissement de colonies militaires, etc., etc. Malgré l'indigence des moyens mis à sa disposition par le gouvernement de la métropole, il suffisait à tout, n'étant pas de ces généraux qui, suivant un mot fameux, ont mérité que, pour les punir de leur incurie, on leur passe au cou leurs écharpes (3).

---

(1) Quelque affectation que mette le Foreign-Office à célébrer l'entente des deux nations, il semble que, depuis le dernier message du président Mac-Kinley, les Anglais commencent à se préoccuper des conséquences du triomphe des Américains pour leurs propres intérêts. V. *The Globe*, 6 décembre 1898.

(2) Rapport officiel du 30 mars 1891. — *Mi politica en Cuba*, p. 163.

(3) Dans la séance du Sénat espagnol du 7 septembre 1898, le comte de las Almenas a violemment pris à partie les généraux, disant, à propos des désastres de Cuba et des Philippines : « Hay muchos fajines que debieran subirse desde la cintura al cuello. »

Tant de dévouement aurait fini par avoir raison des difficultés quotidiennes qui naissaient sous les pas du vaillant capitaine général, sans les réformes imprudentes du ministre des colonies D. Francisco Romero Robledo. Quand parut le décret du 31 décembre 1891, qui autorisait les gouverneurs régionaux (1) à correspondre directement avec la métropole, sous réserve de donner connaissance de leurs rapports au gouverneur général, celui-ci comprit tout de suite qu'à l'avenir son intervention dans les affaires administratives serait illusoire ; il n'était pas homme à se contenter d'une autorité purement nominale, et son parti fut pris de se démettre de ses fonctions. Il eût donné sa démission sur-le-champ, s'il n'eût craint d'attiser le conflit qu'il voyait poindre. Les esprits étaient, en effet, montés au plus haut point dans la grande Antille : les personnages les plus en vue du parti espagnol étaient venus trouver le général Polavieja pour le conjurer de s'opposer aux réformes décrétées par le ministère Cánovas ; des commerçants et des propriétaires étrangers à la politique lui avaient promis leur appui ; quelques autonomistes éclairés s'étaient même associés à cette démarche. A toutes les instances le loyal soldat répondit qu'il devait obéir au gouvernement ; il présida lui-même à l'établissement du nouvel ordre de choses, et ce ne fut qu'après avoir donné à son pays cette dernière preuve d'abnégation et de discipline qu'il sollicita et obtint son rappel pour motifs de santé (2).

De retour dans la péninsule, le général Polavieja se tint à l'écart des partis. Il continua à exposer en particulier aux conservateurs et aux libéraux ses vues sur l'avenir de Cuba, mais sans parvenir à les convaincre (3). Les Tagals de l'archipel de Magellan s'étant soulevés au mois d'août 1896, on songea à lui pour réprimer la révolte : à peine arrivé à Manille, il justifia la confiance du gouvernement par une offensive énergique, où l'on retrouva la décision du héros de la *guerra chiquita*. Tout malade qu'il était, il ne perdit pas un instant pour lancer ses troupes à l'assaut des positions que les insurgés

---

(1) On sait que la grande Antille est divisée en six provinces : Pinar-del-Rio, Habana, Matanzas, Santa-Clara, Puerto-Principe et Santiago-de-Cuba.
(2) *Mi politica en Cuba*, p. 337.
(3) Sur les illusions que MM. Cánovas del Castillo, Castelar et Silvela nourrissaient au sujet des dispositions du cabinet de Washington, cf. les interviews publiées par M. G. ROUTIER, *L'Espagne en 1897*, p. 163, 188 et 243.

occupaient au centre de l'île de Luçon; en quelques mois, les bandes d'Aguinaldo furent écrasées; acculés à la mer, les rebelles durent poser les armes (1). Quand Primo de Rivera vint remplacer l'intrépide officier, les Philippines étaient plus qu'à demi pacifiées, et les acclamations qui accueillirent le général Polavieja à Madrid ne furent pas sans faire craindre au président du conseil des ministres qu'il ne profitât de sa popularité pour le supplanter au pouvoir (2).

Qui peut dire cependant ce que le vainqueur des Tagals ressentit en apprenant que l'étendard de la révolte était toujours arboré dans les champs de Cuba ? A coup sûr, il dut amèrement déplorer de ne pouvoir prendre part aux combats livrés aux éternels ennemis du nom espagnol par ses anciens compagnons d'armes, lui qui, terrassé par le climat dévorant des Philippines, écrivait, quelques semaines plus tôt : « Ma vie n'est rien; elle est à ma patrie et à mon roi (3). » Vint ensuite l'incident du *Maine* : forts des encouragements secrets de l'Angleterre, les États-Unis adressèrent un insolent ultimatum à l'Espagne (4) ; trois jours seulement furent accordés à celle-ci pour déclarer qu'elle renonçait à sa suzeraineté sur Cuba. A l'ouverture des Cortès, la reine régente lut un discours dans lequel elle adjurait tous les Espagnols de se grouper autour du trône de son fils pour défendre les droits du pays (5); l'ambassadeur américain quitta Madrid; le blocus des ports de la grande Antille commença; des armes et des munitions furent débarquées dans l'île par les vaisseaux de l'Union. Un instant, l'heureuse traversée de l'amiral Cervera rendit quelque espoir à ceux qui refusaient de croire au facile triomphe des agres-

---

(1) Pour réaliser son plan de campagne, le commandant en chef de l'armée des Philippines eut l'heureuse fortune de trouver un lieutenant éprouvé dans le vaillant général Lachambre. Les opérations militaires qui vont de la prise de Silàng au combat de San Francisco de Malabón ont été racontées dans leurs moindres détails par un des officiers qui y ont pris part. V. F. DE MONTEVERDE Y SEDANO, *Campaña de Filipinas : la division Lachambre (1897)*. — Madrid, 1898, gr. in-8 illustré, avec carte et plans, de 605 p.

(2) C. BENOIST, *L'Espagne, Cuba et les États-Unis*, p. 165.

(3) Lettre au ministre de la guerre, 9 mars 1897. — F. DE MONTEVERDE Y SEDANO, *op. cit.*, p. 435.

(4) Le 20 avril 1898. Ce fut le 25 que le président Mac-Kinley déclara officiellement la guerre.

(5) Une souscription nationale fut ouverte à cette époque pour l'augmentation de la flotte. Le total des sommes recueillies s'élève à l'heure qu'il est à plus de 30 millions de pesetas.

seurs ; mais bientôt il fut évident pour tout le monde que l'Espagne n'était pas en mesure de disputer Cuba aux Yankees, et, ce jour-là, le général Polavieja dut songer avec tristesse à tant d'avertissements méconnus, à tant de rapports ensevelis sous une triple couche de poussière dans l'obscurité des bureaux. « Si j'étais l'esclave d'impulsions mesquines, avait-il écrit au début des hostilités, je pourrais aujourd'hui m'enorgueillir de l'accomplissement de mes prédictions ; mais ce serait une vilenie que de goûter la satisfaction d'un triomphe d'amour-propre qui coûtera si cher à l'Espagne. Si par le sacrifice de ma vie je pouvais mettre fin aux maux de ma patrie, je regarderais la mort comme une rédemption fortunée et glorieuse (1). »

Les semaines pourtant succèdent aux semaines ; les troupes américaines investissent Santiago-de-Cuba ; on n'entend plus parler de l'amiral Cervera ; serait-elle donc vraie, la cruelle caricature qui représente celui-ci « mis en bouteille » par l'amiral Sampson ? Tout à coup le bruit se répand que l'escadre espagnole a été anéantie en l'espace de quelques heures ; elle a voulu gagner la haute mer, mais, foudroyés par la puissante artillerie des Américains, ses vaisseaux sont devenus la proie des flammes, et force leur a été de se jeter à la côte pour ne pas être engloutis dans les flots. Puis, c'est Santiago-de-Cuba qui capitule (2), la veille du jour où les maladies allaient contraindre les assiégeants à se rembarquer ; un armistice est signé ; des négociations s'engagent ; l'évacuation de l'île est résolue et bientôt l'Espagne voit revenir, pâles, hâves, épuisés, tremblant de fièvre ou grelottant de froid sous leurs minces habits de toile, les héros qui, depuis deux mois, sans autre nourriture qu'un peu de riz et de café, ont conquis l'admiration de leurs adversaires par l'intrépidité avec laquelle ils ont combattu. Qui donc avait raison, du capitaine qui avait écrit, dix-sept ans auparavant : « Je sais que nous sortirons inévitablement de Cuba (3), » ou de ceux qui l'avaient traité de rêveur pusillanime ?

Depuis la publication de son livre, le général Polavieja a fait paraître un manifeste, qui a eu dans toute la péninsule un légitime

(1) *Mi politica en Cuba*, p. 9.
(2) Le 14 juillet 1898.
(3) Lettre au capitaine général de Cuba, 5 mars 1881. — *Mi politica en Cuba*, p. 59.

retentissement. Lu, le 11 septembre dernier, à la tribune du Congrès, ce manifeste affirme que, malgré la perte de ses colonies, l'Espagne peut encore jouer un rôle important dans le monde, si elle se débarrasse des germes morbides qui infectent son organisme ; l'ancien capitaine général s'y déclare partisan d'une large décentralisation ; il prône l'urgence de l'établissement du service militaire obligatoire; il se dit en même temps prêt à mettre la main aux réformes que réclament depuis de longues années tous les gens de bien. « On a supposé, dit-il, que j'aspirais au pouvoir par des conjurations ourdies dans l'ombre et sans que l'opinion eût aucune part à son octroi. Ceux qui disent cela, comme ceux qui croient que je reculerai devant la grandeur de l'entreprise, ne connaissent ni les vues qui me guident, ni les circonstances dans lesquelles nous nous trouvons, ni l'ensemble des forces sociales sur lesquelles on peut compter pour entreprendre une œuvre de reconstruction nationale (1). »

Ce n'est pas ici le lieu d'examiner le document dont il s'agit : une semblable étude nous entraînerait trop loin. Ainsi qu'il fallait s'y attendre, tous les partis se sont retournés contre le patriote qui émettait la prétention de prendre en dehors d'eux son point d'appui ; les feuilles ministérielles n'ont pas caché leur dépit de voir surgir une nouvelle combinaison sur l'échiquier politique ; les organes du parti conservateur ont, de leur côté, accueilli tout d'abord les déclarations du général Polavieja avec froideur ; les carlistes et les républicains ne pardonnent pas à celui-ci de se mettre en travers de leurs plans ; mais tous rendent hommage à son amour du bien public, à sa loyauté, à son désintéressement. Comment, en effet, ne pas voir que, si l'ancien chef de la maison militaire du roi avait seulement eu l'ambition d'être ministre, il lui suffisait de garder le silence pour recevoir le portefeuille de la guerre des mains des hommes appelés à recueillir le lourd héritage du cabinet Sagasta? Dénoncer les jongleries électorales tolérées, sinon encouragées, par les personnages qui ont tour à tour détenu le pouvoir n'est pas le moyen de se concilier leur bienveillance, et je ne vois pas que jus-

(1) Le général Polavieja a récemment renouvelé ses déclarations avec encore plus de force : « Yo no he de estorbar ni combatir el triunfo de ninguna solucion. Conquieste quien pueda la opinion.... Con el país conspiro y para su salvación, no con partido alguno. » V. *El Liberal*, 9 décembre 1898.

qu'à présent ils montrent beaucoup d'empressement à s'enrôler sous la bannière du vaillant général (1).

Le vainqueur des Tagals pourra-t-il faire prévaloir ses idées ? Le verrons-nous s'asseoir au banc bleu (*el banco azul*) ? Et lui sera-t-il donné de combattre dans les conseils de la couronne la bureaucratie, le caciquisme et les abus de toute sorte qui ont conduit l'Espagne au bord de l'abîme ? C'est ce que nul ne saurait dire. Dans la redoutable crise qu'elle traverse, la nation espagnole a le bonheur d'avoir à sa tête « une de ces mères de rois qui, pour défendre un trône, ont mieux que le fer et la force : les deux bras qu'elles croisent sur la poitrine de leur fils (2). » Femme au sens droit, au cœur viril, la régente Marie-Christine a jusqu'ici gouverné avec sagesse, et unanime est le respect qu'inspirent son deuil et ses vertus. Si l'auguste veuve d'Alphonse XII fait appel au dévouement du général Polavieja, il faut souhaiter que celui-ci démente les pronostics railleurs des sceptiques qui prétendent que son arrivée aux affaires n'aurait d'autre résultat que de doter Madrid d'une *Gazette* mieux faite (3) ; l'assemblée des Chambres de commerce à Saragosse a montré quels éléments sains et robustes l'Espagne renferme encore ; las des charlatans dont les remèdes ont envenimé les maux qu'ils devaient guérir, ce pays a soif de probité, de justice, et la réception faite au président de la Croix-Rouge espagnole (4) en Navarre en est la preuve (5).

Je n'ignore pas la distance qu'il y a de la critique à l'action : sans sortir de France, l'exemple du général Trochu est là pour rappeler qu'autre chose est tracer un plan de réformes, autre chose le réaliser ; l'auteur de *L'armée française en 1867* avait inspiré confiance par la sagacité avec laquelle il avait signalé les vices de notre orga-

---

(1) Dans le discours qu'il a prononcé, le 7 janvier dernier, au Cercle de l'union conservatrice, M. Silvela a cependant accepté les idées préconisées par le général Polavieja, et la plupart des journaux de la péninsule s'accordent à donner à ce fait une grande importance. V. *El Imparcial*, 8 janvier 1898.

(2) R. Bazin, *Terre d'Espagne*, p. 333.

(3) V. *El Nacional*, 11 septembre 1898. La *Gaceta* est le *Journal officiel* de l'Espagne.

(4) La Société de secours aux blessés des armées de terre et de mer (*Cruz Roja*) a pour président l'ancien capitaine général de Cuba.

(5) C'est au cri de « Viva el honrado general ! » que le marquis de Polavieja a été reçu, le 21 novembre dernier, à Estella, et cette manifestation en pays carliste est significative.

nisation militaire, et, lorsque la révolution du 4 septembre 1870 l'eut porté au pouvoir, il ne réussit même pas à imprimer une impulsion vigoureuse à la défense de Paris. Quoi qu'il advienne, le général Polavieja a bien mérité de sa patrie par l'indépendance qu'il a montrée en s'affranchissant de la tutelle des partis pour s'adresser aux hommes de bonne volonté ; dût-il échouer dans sa tentative, il le faut louer d'avoir placé si haut son idéal ; il laissera dans l'histoire le souvenir d'un patriote aussi ardent qu'éclairé, et tous devront reconnaître la noblesse de son caractère et la droiture de ses intentions.

Quant à son livre, il restera comme une preuve irrécusable de sa clairvoyance, en même temps qu'un témoignage frappant de la cécité des hommes d'État qui subordonnent tout aux luttes de la tribune ; quiconque voudra écrire l'histoire de Cuba sera obligé de le consulter ; nous y pouvons nous-mêmes puiser d'utiles enseignements, car, sous bien des rapports, notre politique coloniale ne vaut guère mieux que celle de l'Espagne, et il ne serait pas difficile de découvrir chez nous les trois types auxquels le général Polavieja ramenait les prédécesseurs de D. Antonio Maria Fabié au département des colonies : le ministre réformateur, qui, sans étude ni enquête préalable, remplit audacieusement les colonnes du *Journal officiel* de décrets, le ministre honnête et intelligent, mais pusillanime, qui cède tout, par crainte des votes du parlement, et le ministre paresseux, qui n'a d'autre pensée que de ne pas se donner de peine et de ne pas s'imposer le moindre travail (1).

Je serais heureux, je l'avoue, si cette étude ouvrait les yeux à ceux qui se désintéressent du sort de l'Espagne, comme si les revers de cette nation ne devaient avoir aucune répercussion sur nos propres destinées (2). Il ne manque pas de gens pour jeter la pierre aux vaincus ; de tout temps le succès a eu des adorateurs, et, hier encore, à Besançon, un ecclésiastique (3) se faisait l'écho de l'orgueilleux dédain des hommes d'État de la Grande-Bretagne à l'endroit des peuples fai-

---

(1) *Mi politica en Cuba*, p. 70.
(2) Croit-on que, sans la victoire des États-Unis, l'Angleterre aurait pris à l'égard du gouvernement français une attitude aussi menaçante que celle à laquelle l'incartade diplomatique de sir Edmund Monson a mis le sceau ?
(3) M. l'abbé Lemire, député du Nord. Que dire cependant de l'archevêque de Saint-Paul de Minnesota présidant les funérailles solennelles de ce Calixto Garcia, franc-maçon deux fois traître à l'Espagne, que la mort a frappé au

bles. Ce n'est pourtant pas au moment où nous venons de déférer aux sommations impérieuses de l'Angleterre qu'il nous sied de lever la tête; le « marais infect de Fashoda » fait tristement pendant aux « arpents de neige glacée » dont parlait Voltaire; les feuilles d'outre-Rhin exagèrent, quand elles assimilent la France rappelant le capitaine Marchand au Portugal désavouant le major Serpa Pinto; nous n'en sommes pas moins singulièrement loin de l'époque où l'escadre de l'amiral Duperré appareillait pour Alger sans s'inquiéter des menaces du cabinet de Saint-James.

En écrivant, il y a six mois, que nos diplomates se repentiraient bientôt de n'avoir pas pris la défense de l'Espagne (1), je ne croyais pas dire si juste. Pour courte qu'elle ait été, la guerre hispano-américaine est appelée à déplacer l'axe du monde : les Antilles espagnoles au pouvoir des Américains, c'est l'entrée en ligne des États-Unis comme puissance maritime et militaire; désormais la vieille Europe devra compter avec ce peuple qu'aucun scrupule n'arrête, et il est à craindre que son ambition ne se borne pas à dépouiller l'Espagne de ses colonies. Se vit-il jamais rien de plus odieux que l'abus que le colosse américain a fait de sa victoire? A peine a-t-il occupé un point des Philippines qu'il en a profité pour réclamer l'annexion de l'archipel tout entier, et pas une voix ne s'est élevée du sein des cabinets européens pour démontrer l'injustice d'une prétention démentie par le texte même du protocole de Washington. Dans les conférences de Paris, les délégués de l'Union ont montré une dureté qui fait songer à l'âpre rancune de Shylock (2); aux représentations des commissaires espagnols ils ont opposé le silence le plus méprisant, et nulle considération n'a pu les déterminer à rabattre quoi que ce soit de leurs impitoyables exigences. Exalte qui voudra les Yankees! Pour moi, tout en rendant justice aux qualités qui les distinguent, je ne vois en eux

---

moment où il venait conférer avec les ministres de Washington? C'est le cas de répéter avec le bon chevalier de la Manche : « Bien se conoce, Sancho, que eres villano, en lo de : Viva quien vence! »

(1) *La dernière campagne du marquis de Conflans (1636-1637)*, Préface, p. ix.

(2)   I'll not be made a soft and dull-ey'd fool
        Tho shake the head, relent, and sigh, and yield
        To Christian intercessors.
    SHAKESPEARE, *The merchant of Venice,* act III.

que les irréconciliables ennemis de notre race ; moins large est l'Océan que le courant d'idées qui nous sépare ; ils peuvent avoir le génie des affaires, allier la ténacité à l'esprit d'initiative, étonner le monde par la hardiesse de leurs entreprises commerciales et la grandeur de leurs créations industrielles, traiter de préjugés les lois qui régissaient l'Europe chevaleresque et chrétienne, se glorifier enfin de compter dans leurs rangs un plus grand nombre de millionnaires qu'aucune autre nation, mais, au sein de leurs richesses, il leur manquera toujours quelque chose, et ce n'est pas en pratiquant une politique de voleurs de grands chemins [1] qu'ils acquerront cette générosité, cette noblesse d'âme, ce sens exquis de l'honneur, qui faisait dire à notre Sévigné : « Je trouve la réputation des hommes bien plus délicate et blonde que celle des femmes [2]. »

E. L.

Dole, 15 janvier 1899.

---

[1] Le mot peut paraître dur, mais je n'en trouve pas d'autre pour rendre la conduite des Américains. Aux États-Unis, la politique impérialiste de M. Mac-Kinley n'obtient pas du reste l'assentiment de tous ; MM. Cleveland, Bryan et Hoar se prononcent contre l'annexion des Philippines, et M. Taylor a récemment qualifié le traité de Paris de « spoliation scandaleuse. »

[2] Lettre à Mme de Grignan, 28 juillet 1677. — Mme DE SÉVIGNÉ, *Lettres* (édit. Régnier), t. V, p. 237.

APPENDICE

Je crois devoir insérer à la suite de mon travail la lettre-manifeste du marquis de Polavieja; elle dit nettement ce qu'est l'éminent général et à quels mobiles il a obéi en se déclarant prêt à affronter d'un cœur résolu les luttes politiques.

« Mi querido amigo,

« Diariamente recibo cartas escritas en el mismo sentido que la última de usted y firmadas por personas á quienes no puedo atribuir otro móvil que el deseo del bien público.

« Reflejo de un estado de opinión que nuestros hombres políticos no sospechan siquiera, y que tampoco la prensa periódica gradúa ni conoce con exactitud, esas cartas me persuaden de que estaba yo en lo cierto al resistirme á creer que el país fuera insensible á sus desdichas. Noto con gusto que no á todos los españoles falta, en estas horas tan tristes para nuestra patria, lo que se ha llamado la dignidad del infortunio, y que tras de las clases sociales en que ni el alma ni la materia sienten las heridas hechas á la integridad y al honor de la nación, palpita, llena de anhelos de mejora y de enmienda, una España que no se resigna á morir.

« Muchos de los que á mí se dirigen ofrécenme el concurso de elementos de gran significación, ó de colectividades y asociaciones respetables. Todos me estimulan á que rompa el silencio guardado hasta ahora, y á que poniéndome en comunicación directa con el país, haga público lo que ya no es un secreto para cuantos mantienen asiduo trato conmigo.

« Yo no podía ni debía hablar durante la guerra. Tampoco me era lícito responder á excitaciones semejantes en los momentos en que el gobierno entablaba la negociación que nos ha conducido al protocolo de Washington. Soldado sin puesto alguno en la política militante, sin asiento en las Cámaras, el patriotismo me mandaba callar y obedecí á su voz. Pero las circunstancias son hoy muy diferentes. Consumada la catástrofe, la mutilación del territorio sólo aguarda el voto de las mayorías parlamentarias. No hay retroceso posible en el camino emprendido. Obstínase, además, parte de la prensa en atribuirme actitudes que no he pensado tomar, y ninguna razón pública ni privada impide que lo que usted y muchos amigos míos saben desde hace tiempo, lo sepa también el país en cuanto se ofrezcan oportunidad y modo de dárselo á conocer.

« Voy, pues, á contestar á su carta lo más clara y más sencillamente posible, sin preocuparme de la forma ni del método, y sin la pretensión de abarcar todos los problemas de la vida nacional : entre otras razones, porque las circunstancias en que nos hallamos no me permiten hablar de algunos de ellos como yo quisiera. Por esto mismo dejaré sin respuesta la parte que se refiere á cosas pasadas, pues me aflige en extremo llevar la consideración á lo que se debió hacer, y no se ha hecho, á lo que se pudo evitar, y no se ha evitado. Creo que España tenía derecho á esperar una dirección más acertada y un empleo más provechoso de sus recursos y de sus sacrificios, y que el único consuelo que puede quedarnos es pensar que las culpas no recaen sobre el país, tan dócil en dar cuanto se le pidió para sostener empresas acometidas sin reflexión y sin plan : recaen todas sobre sus gobernantes de ayer y de hoy.

« Es verdad lo que usted dice : yo no fuí oído en Cuba, ni lo fuí en Filipinas. Mis advertencias, mis comunicaciones, mis Memorias, se perdieron en el vocerio de las disputas parlamentarias, ó duermen bajo el polvo de oficinas que no parecen creadas para servicio de la nación, sino para goce y recreo de los familiares, los amigos y los protegidos de nuestros magnates políticos. De todo ello me consolaria con ser escuchado en lo que nos queda de aquella patria, otro tiempo tan grande y tan gloriosa; porque no dude usted de que sobre nuestro pobre y reducido hogar de hoy vendrán todavia desolaciones mayores, si pronto y resueltamente no acometemos la obra de rehacer á España trasformando la política, cambiando de procedimientos de gobierno y administrando con severa rectitud los restos de nuestra pasada grandeza.

« Es imposible seguir así : reconócenlo ya aun los que antes de la guerra fiaban en evoluciones interiores de los partidos, y hago á los mismos hombres que llevan la dirección de éstos la justicia de creer que, en el fondo de sus conciencias, están no menos persuadidos que usted y que yo de que los organismos que dirigen son impotentes para la reconstitución deseada por todos. Persistir en no rectificar nuestro sistema político, sería condenarnos á una postración vergonzosa, y tras de ella á una muerte segura.

« Nadie querrá que la nación se pierda por salvar rutinas y formalismos desacreditados, ó por conservar estas organizaciones decrépitas, que, falseando la esencia del gobierno constitucional, corrompiendo el voto, haciendo tributarias suyas la administración y la justicia, anulando cuanto no se subordina á ellas y vinculando el poder gracias á la regularidad de un turno que hasta las dispensa de vigorizarse en la comunicación diaria con el sentimiento público, todo lo han desbaratado, empequeñecido y disuelto, en proporciones que ni los más pesimistas pudieron imaginar.

« Esa política, que ni siquiera ofrece ya las audacias y los idealismos desorganizadores, pero generosos y nobles, de otros tiempos, ha ido desarrollando en todos los órganos del Estado gérmenes morbosos, que tenían que acabar por apoderarse aun de los que viven á mayor distancia del foco de infección. El mal se extiende hoy á todo, y en todo será preciso que penetren el hierro y el fuego. O cauterizar con mano implacable las llagas, ó aguardar á que de ellas nos venga la muerte : no hay otra cosa ni otros términos en que escoger.

« Se ha supuesto que yo aspiraba al gobierno por conjuras tramadas en la sombra, y que me apercibía á recibirlo sin que la opinión pública tuviese parte alguna en su otorgamiento. Los que eso dicen, como los que creen que retrocederé ante la magnitud de la empresa, no conocen bien el propósito que me guía, ni las circunstancias en que nos hallamos, ni la suma de fuerzas sociales con que puede contar en España todo el que acometa una obra de reconstrucción nacional.

« Lo he pensado mucho, lo he madurado en el fondo de la conciencia, y no vacilo ya ante ninguna clase de responsabilidades, ni me detiene siquiera el temor de que mi voz sea desoída de nuevo. Lección tan dura como la que acabamos de recibir, no puede perderse en la indiferencia general de la nación. Lo que se haga hoy servirá, cuando menos, para preparar el campo á otros más afortunados, nunca mejor intencionados que yo.

« Opino, como usted, que se impone una apelación vigorosa al sentimiento nacional, sin miedo á la campaña que todos los intereses amenazados han de emprender, y reconociendo que no será pequeño obstáculo el cansancio de las gentes, en memoria de tantos programas que algún día fueron tomados por fórmulas eficaces de mejoramiento.

« Parecería trabajo pueril, ante la magnitud aterradora de la catástrofe, enumerar una por una las novedades que hay que introducir en la gobernación del Estado para curar los males que la patria padece y evitar que se repitan. Mas por ningún motivo puedo dispensarme de declarar resueltamente mi propósito de poner mano en la honda reforma que há tiempo pide la opinión de los buenos. Ningún organismo público responde bien á los fines que ha de cumplir. En la enseñanza, en la justicia, en la administración, en todo, impónense trasformaciones radicales, que no se detengan ante la protesta de los intereses creados ni de los falsos derechos adquiridos.

« Hay que elevar la cultura del país convirtiendo la enseñanza de bachilleres y doctores en educación de hombres formados para las luchas de la vida y de ciudadanos útiles á su patria. Hay que organizar los Tribunales de modo que entre ellos y la conciencia pública se restablezca aquella confianza que los desafueros de la política les arrebatara. Hay que restaurar la hacienda fundándola en prácticas de sinceridad, trayendo á tributar todas las manifestaciones de la riqueza, haciendo efectivo el principio de proporcionalidad en las cargas, poniendo término á la inestabilidad de los tributos y llevando un sentido social á la exacción de los impuestos indirectos, que pesan con abrumadora gravedad sobre las clases menesterosas. Ni siquiera podrá excusarse la reforma de los malos hábitos que han viciado nuestras instituciones parlamentarias y enajenádolas el amor de los mismos que pelearon tanto tiempo por establecerlas. Y hay, sobre todo, que purificar nuestra administración, imponer desde lo más alto á lo más bajo las ideas del deber y de la responsabilidad, y destruir sin compasión y sin descanso ese afrentoso caciquismo de que me repugna hablar, pero en cuya extirpación me emplearia con tal empeño, que, por sólo no lograrla, habría yo de considerar fracasados todos mis intentos.

« España debe acomodar su vida á la situación de estrechez en que ha caído; pero haciéndolo como pueblo que no renuncia á sus destinos ni se aviene perdurablemente á la desgracia. Hay que poner en armonía los medios con el fin, cosa que nunca hiciéramos: unas veces por aplicar medios grandes á fines mezquinos, otras por lo contrario. Sin perder un día, sin perder una hora, es preciso inventariar el haber nacional y decirle al país, aunque le hayan de salir al rostro los colores de la vergüenza, decirle lo que le queda, lo que tiene, lo que puede ganar y lo que puede perder. Gobierno nuevo que no haga eso, y que no lo haga inmediatamente, comenzaría por imitar á los viejos. La ocultación sistemática de la verdad, en cuanto á nuestro patrimonio, á nuestros recursos, á nuestras fuerzas militares, á todo lo que vive bajo la acción directa del Estado, tiene no poca parte en los desastres últimos. La nación no supo nunca lo que era, ni cómo estaba. Se la ha venido engañando con espejismos halagadores, ó con misterios pueriles, para que al cabo nos venciese un pueblo donde no se hace misterio de nada, en una guerra con planes pregonados á los cuatro vientos.

« Fatigada de tantos ensayos y del tejer y destejer continuos con que los teóricos han desorganizado al país, la opinión proclama tiempo há la necesidad de que á la política de las abstracciones sustituya en el gobierno la política agraria, la política industrial, la política mercantil. Es preciso que dejemos de pensar en los comités, en las falsificaciones electorales y en los medios de fabricar, no tan sólo las mayorías que votan, sino hasta las minorías que fiscalizan y discuten, para pensar en los campos sedientos, en los caminos sin abrir, en los montes talados por el caciquismo, en los trasportes costosísimos, en los puertos, en los talleres, en los tratados de comercio y en la protección inteligente de todo interés constituido y de toda riqueza que nace. Conviene ya traer á las esferas superiores de la administración, no sólo el apoyo, no sólo el sentido de esas grandes fuerzas sociales, sino también su representación personal propia.

« Necesidad imperiosa es que la vida económica del pais se desenvuelva sin las trabas de una centralización que levanta ya entre nosotros alarmantes protestas. Ha de estar ciego el que no vea que casi todas las regiones de España, en particular las que se aventajan por su cultura, su laboriosidad y su riqueza, mirando quizá más á los efectos que á las causas, atribuyen á la indole misma y á la organización del poder central los malos resultados de la politica seguida hasta aquí. Se percibe ese sentimiento á corta distancia de Madrid y el ocultarlo sería una de tantas ficciones inútiles.

« En él hay peligros que conviene evitar y hay igualmente un fondo común de aspiraciones que me parecen legítimas.

« Bajo poderes vigorosos que mantengan la unidad política, refrenando enérgicamente hasta la más leve tendencia á disgregaciones criminales é imposibles, yo no veo inconveniente sino más bien ventaja, en llegar á una amplia descentralización administrativa, en dar á la vida local desenvolvimientos que raro es el partido que no pide ya para ella y en acometer con ese sentido la reforma de instituciones municipales y provinciales.

« Nuestro inmoderado afán de uniformidad nos hizo considerar como antipáticas al sentimiento nacional formas de tributación concertadas, que aun repugnamos para la vida local y sin embargo admitimos presurosos para el arrendamiento de monopolios y rentas. De igual suerte hemos puesto en manos de asociaciones nacionales, y hasta extranjeras, servicios y explotaciones que cohiben la libertad de cultivo, é industrias que regulan por el precio del trasporte los mercados ; y en cambio consideramos total y perpetuamente incapacitadas á las corporaciones locales para fines administrativos que se dirigen torpe, tardia y costosamente desde unos cuantos centros burocráticos de Madrid. Sobre el limite á que deben alcanzar las funciones de tutela y la aptitud local para administrar los intereses comunales y provinciales, no es posible establecer criterios niveladores. El método experimental permitiria, sin comprometer en una reforma aventurada intereses totales de la nación, el ensayo de concesiones descentralizadoras á que en paises cuya administración aventaja mucho á la nuestra, no han puesto el veto los poderes públicos.

« No puede España, poseyendo las Baleares, las Canarias, las plazas del Norte de Africa y extensas costas que son fronteras universales, abiertas á todo el que disponga de flotas de guerra, reducirse al estado de indefensión que preconizan hoy ciertos espíritus más cuidadosos de halagar al vulgo que de velar por la seguridad de su patria. A muy otra cosa nos excitan los recientes desastres, y es á reorganizar nuestros ejércitos de tierra y de mar en perfecta consonancia con los fines que han de cumplir y con los medios de la nación; á darles una instrucción positiva y sólida, y á vigorizar no tan solo todos los resortes de la disciplina, sino todos aquellos sentimientos que son el alma de las instituciones armadas. Necesitamos organizar sin pérdida de tiempo el servicio obligatorio, para que cese una desigualdad irritante condenada por voz casi unánime del país y se compenetre con éste el ejército que ha de defenderle. Deberemos de dedicarnos á la constitución de reservas efectivas, difundir las enseñanzas prácticas, asegurar la competencia en el mando, no quedarnos á la zaga de las demás naciones, é inspirarnos para esta obra en un sentido de austeridad y de abnegación que la milicia española no necesita pedir á los extraños, porque es el que palpita en todas las páginas de nuestras ordenanzas. La marina en el mar y el ejército en constante disposición de emprender la guerra : tal es mi fórmula, respecto de la cual creo que ninguna persona bien intencionada vendrá á pedirme hoy aclaraciones de detalle y fío en que á la opinión parecerán buena garantía mis propios antecedentes.

« Sin que se me oculten las faltas cometidas, ni las deficiencias que la última lucha ha puesto al descubierto, tengo que condenar enérgicamente el propósito harto visible de descargar sobre el ejército y sobre el país la responsabilidad de desastres que sólo son imputables á los que tuvieron en sus manos las riendas del gobierno. Obra suya era la pobreza y mala organización de nuestro poder militar; culpa suya el haber rendido tan torpe cuenta de los sacrificios de la nación. Cuando, en excusa de imprevisiones que hoy mismo saltan á la vista de todos, se trata de cubrir de oprobio á nuestras fuerzas armadas, lo menos que yo puedo hacer es oponerme á la injusticia recordando que en tres años de combates no se ha producido un solo acto ni oido una sola voz de protesta; que nuestras tropas han desafiado en Cuba y Filipinas los rigores del clima, la traición y el hambre; que cien veces tuvieron que pelear sin pagas, sin raciones y casi sin ropas con que cubrir sus carnes; y que siendo la obediencia el primer deber de los ejércitos, se ha mantenido entre los nuestros hasta un punto que acaso no hubieran alcanzado los de mejor organización y más sólida disciplina.

« Con respecto á política internacional no podrá extrañar que yo guarde una prudente reserva, limitándome á decir que no debe confundirse la reconstitución interior de un país con el aislamiento á que nos han condenado los que gobernaron á España en los últimos cuarenta años. Nadie de sano juicio podría ahora declararse partidario de tales ó cuales alianzas, ni estas son profesiones de fe para lanzadas al público prematuramente. Como orientación de una nueva política, basta afirmar el decidido propósito de ejercitar todas aquellas artes difíciles, pero provechosas, á que apelan los pueblos convencidos de que el aislamiento constituye una absurda protesta contra el sentido moderno del derecho internacional y el mayor peligro para los Estados débiles. Por instinto de conservación habremos de salir de él, poniéndonos en condiciones de que nuestro concurso sea estimado en el mundo.

« Expuestas las que considero bases de nuestra reconstitución, no creo haber hecho otra cosa que interpretar aspiraciones públicas latentes en España desde hace mucho tiempo, traducir los sentimientos de la masa neutra y hasta recoger ideas que figuran en el credo de los partidos políticos, pero que ninguno de ellos quiso, pudo ó supo llevar á la práctica. Yo me impongo el deber de realizar este programa, si la opinión me presta su apoyo, y por él y por la confianza de la corona llego al gobierno, el cual no pido como fin sino como medio, y no apetezco como recompensa de servicios de sobra pagados, sino como ocasión de ganar legítima gloria consagrando á nuestra patria todos mis desvelos y todas mis energías.

« No puedo ni debo pensar que la política que ha originado el rebajamiento de España sobreviva á la ruinosa y triste liquidación que muy pronto quedará ultimada en París. Acabemos con ella, antes que ella acabe con nosotros.

« Mi historia y antecedentes me dispensan de ciertas profesiones de fe. Tiene la monarquía sobradas pruebas de mi lealtad, y nadie dejará de comprender que hay una prueba más en lo que ahora mismo hago; pues así trabajo para que nunca caigan sobre ella las responsabilidades que sistemáticamente eludieron sus gobernantes, para que se afirme y consolide con vínculos fortísimos de afecto y de mutuo respeto la unión del pueblo y el trono, y para que todos aquellos elementos sociales á quienes la irritación del honor y el justo enojo contra la política hasta hoy seguida predisponen á protestas más ó menos espontáneas, no tengan que buscar fuera de la legalidad existente la satisfacción de sus aspiraciones y sentimientos.

« Si yo necesitase dar una muestra de lo mal gobernada que está España, me bastaría señalar la existencia del carlismo al cabo de sesenta años de régimen constitucional y la existencia del republicanismo al cabo de veinticuatro años de restauración. Mejor ó peor encaminadas, esas son fuerzas nacionales cuyo concurso se pierde para el desenvolvimiento de nuestra patria. No pocas veces lo han interrumpido con guerras sangrientas ó con trastornos estériles. Y cuando apenas queda ya un sólo país donde la legalidad instituida no sea común á todos los ciudadanos, aquí seguimos padeciendo esos males y viendo que partes de España viven, por decirlo así, fuera de España.

« Creo haberme expresado con entera claridad acerca de mis propósitos é ideas; mas no concluiré sin algunas manifestaciones, que estimo necesarias.

« Los que por ahorrarse el trabajo de estudiar á los hombres, prefieren tomar el juicio que corre hecho acerca de ellos, me suponen representante de una especie de reacción teocrática encaminada á subvertir los poderes del Estado y arrancar á la conciencia sus naturales fueros. No tienen más causa cierta, para discurrir así, que ser yo, por creencia y por práctica, fervorosísimo cristiano, haber constituido mi familia y educado á mis hijos el santo temor de Dios, y creer sinceramente que las potestades civiles, al par que defienden sus derechos y mantienen á la Iglesia en la órbita que le es propia, deben facilitarla el ejercicio de aquel alto ministerio social á que está confesada y cumplir con ella los pactos solemnemente establecidos. Cuando es obra necesaria velar por el desarrollo de todas las fuerzas morales, que hartos desenfrenos hemos consentido ya á las pasiones de la bestia humana, nada tan natural como el deseo de ver respetada la fe en que comulga la mayoría de los españoles y rodeada de prestigio la autoridad de una Iglesia que fué piedra angular de nuestra nacionalidad, nos llevó bajo la enseña de la Cruz á la reconquista del territorio perdido, y ha mostrado, en épocas bien recientes, cómo nunca se extingue en su espíritu el fuego del amor á la patria.

« Motéjanme también los que no me conocen, ó los que tratan de desfigurar mis intenciones, por suponer que aspiro al ejercicio de una dictadura militar inspirada en el aborrecimiento de las formas constitucionales. Semejante juicio se ha modificado no poco con la lectura del libro que publiqué recientemente acerca de mi mando y de mi política en Cuba; pero aún lo propalan ciertos espíritus nada respetuosos de la verdad. Yo debo decir que no quisiera para nuestra patria más dictador que la ley, por desgracia infringida ú olvidada casi siempre. Yo creo que en la observancia del derecho se funda toda disciplina social; que se gobierna mejor con las fuerzas morales que con las fuerzas materiales, y que, no ahora, sino en cualquiera tiempo, la estimación y confianza del país gobernado son la base de sustentación más firme de todos los poderes públicos.

« Para realizar esta obra de reconstrucción, que, vuelvo á decirlo, es obra de sacrificios y desvelos, ó irá acompañada de riesgos y dificultades grandísimas, no me propongo formar un partido, en la acepción corriente de la palabra, ni siquiera me preocupo de averiguar la suerte que el porvenir reserva á las agrupaciones actuales : ó se disolverán dejando lugar á otras nuevas, ó resurgirán trasformadas, después de una depuración de responsabilidades que aleje de ellas á los que no previeron ó no supieron evitar la catástrofe.

« Nuestra empresa, demasiado grande, no puede tener por instrumento cosa tan pequeña, en realidad, como un partido á la española. Por ese camino, tal vez los hábitos inveterados de la política, la propensión natural en ciertas gentes, la fuerza de las rutinas mentales y el acicate de apetitos no más sanos, por estar bien disimulados, que aquellos que tratamos de alejar del gobierno, nos llevaran á crear una oligarquía más, aumentando así el daño en vez de remediarlo. Este empeño que sobre mí tomo, requiere el concurso de todas las voluntades dispuestas al bien. No pudiendo nadie resignarse á ver á su patria irremisiblemente caída y degradada, menester es que todos nos decidamos á emprender la tarea difícil, pero gloriosa, de nuestra reconstitución interna y de nuestra rehabilitación ante el mundo. Salvemos los restos del patrimonio nacional agrupándonos en su defensa. Proscribamos para siempre la política que nos ha perdido. Y puesto que yo apelo al sentimiento público con ideas que son de todos, ayúdenme todos, si merezco la confianza del país, traduciendo la disposición del ánimo en expresiónes visibles de aprobación; pues no han de bastar el deseo platónico y la actitud pasiva para vencer las resistencias que se opondrán á nuestro intento. Es ya hora de que todas las grandes fuerzas sociales, todos los elementos neutros de opinión, apliquen al remedio de nuestras desdichas algo más que una crítica estéril ó una murmuración impropia de hombres.

« Lo es también de que aquellas iniciativas sanas y aquellas energías de la inteligencia perdidas hoy en la viciosa organización de nuestros partidos políticos, no continúen sacrificando el interés patrio á una mal entendida disciplina, ni compartiendo la responsabilidad de errores que tal vez advirtieron en vano y de culpas que habrán reprobado desde el fondo de su conciencia. A todos los buenos españoles, en suma, pido su cooperación, ú ofrezco la mía, no limitada por ningún género de compromisos personales, ni subordinada á otros móviles que el deseo de servir á España, mi amor al pueblo en medio del cual nací, y mi lealtad para con el rey.

« Creo, amigo mío, que he contestado cumplidamente, acaso con exceso, á las excitaciones de que vengo siendo objeto. A usted toca, como le dije al principio de esta carta, juzgar de la oportunidad y modo de dar á conocer lo que pienso y me propongo, siempre que con ello no se falte á ninguno de los respetos á que estoy obligado.

« De usted afectísimo....

« CAMILO G. DE POLAVIEJA. »

Madrid, 1º de Setiembre de 1898.

BESANÇON. — IMPRIMERIE ET LITHOGRAPHIE DE PAUL JACQUIN.

www.ingramcontent.com/pod-product-compliance
Lightning Source LLC
LaVergne TN
LVHW021747080426
835510LV00010B/1348